# Schräge Geschichten

# Inhalt

## *Welt und Wirklichkeit*

## Reisen und Fortkommen

## Von Spielen und Regeln

# Anhang

## Nachwort

# Welt und Wirklichkeit

> Wie überhaupt der ganze Bau von oben bis
> unten purer Kulissenzauber war.
>
> Boris Vian, *Aufruhr in den Andennen*

EUGEN EGNER

## Das Erlebnis

Wir leben am östlichen Rande des von Menschen besiedelten Gebietes. Weiter im Osten gibt es nur noch
zwei Kirchtürme, dann nichts mehr. Daß da eine Stadt
liegen soll, wie uns ein Waldläufer erzählt, glauben wir
nicht.

Manchmal, an späten Samstagnachmittagen, wenn der
Wind entsprechend steht, höre ich die Glocken der fernen Kirchtürme herüberklingen. Aber wenn da eine Kirche ist, deren Glocken ich läuten höre, dann müssen dort
vernünftigerweise auch Menschen sein. Das bespreche
ich mit den anderen, und zu siebt ziehen wir unter Füh-
rung des Waldläufers los, es herauszufinden.

Unterwegs vertraut uns der Waldläufer an, der Wald,
durch den wir gerade gehen, sei unberechenbar. Irgend
jemand (vermutlich der Bäumler-Manfred) stelle täglich
die Bäume um. Bald scheint uns der Wald merkwürdig
verändert, und der Waldläufer versichert uns, daß die
Bäume heute schon zum zweiten Mal umgestellt worden

seien. Zudem wird es dunkel, da erscheint es uns ratsam, in einer Hütte zu übernachten.

Ganz früh am nächsten Morgen weckt uns der Waldläufer durch ruckartiges Wegziehen der Decken unter meckerndem Gelächter. In Mänteln haben wir geschlafen. Die Uhrzeit ist uns unbekannt, weil der Waldläufer offenbar unsere Uhren verstellt hat, während wir schliefen. Obwohl es ihm möglich gewesen wäre, hat er uns nicht im Schlaf erschlagen. Auch der Versuchung, uns mit eiskaltem Wasser zu überschütten, widerstand er. Sein gekränkter Dämon hat ihn dann aber doch wenigstens zum Verstellen unserer Uhren getrieben. Es gibt keine Möglichkeit zum Waschen oder Zähneputzen, die Notdurft muß im Freien verrichtet werden. Weder feste noch flüssige Nahrung haben wir, trotzdem verschmähen wir die freundlich dargebotene Schnapsflasche des Waldläufers. Draußen vor der Hütte sehen wir einander an, wie man einander unter solchen Umständen ansieht. Der Waldläufer verläßt uns, denn es ist kein Wald mehr da. Irgend jemand (der Bäumler-Manfred?) muß die Bäume fortgenommen haben. Wir gehen allein weiter in Richtung Osten. Nach vielleicht einer halben Stunde treffen wir auf Menschen, die ihrerseits erstaunt sind, so weit westlich Menschen anzutreffen. Von ihnen erfahren wir die genaue Uhrzeit, und sie berichten uns von der Stadt, aus der sie kommen, kneten uns sogar aus Lehm ein maßstabgetreues Modell und erklären uns die Straßenführung. Nach und nach lösen sie sich in einen Krähenschwarm auf und fliegen davon. Wir zeichnen schnell eine Karte von dem Lehmmodell, bevor es ebenfalls davonfliegt. Nun sind wir bestens unterrichtet über die Stadt, die wir zehn Minuten später tatsächlich erreichen.

Die Karte hilft uns wenig – irgendwer muß die Häu-

Bald scheint uns der Wald merkwürdig verändert ...
*Eugen Egner*

ser umgestellt haben. Sofort verlieren wir einander aus den Augen und stecken alles Geld, das wir besitzen, in Automaten oder unsinnige Anschaffungen. Und zu Hause gibt es gerade Tee und Kuchen ... Die fremde Stadt ist nichts für uns. Zweien der Unsrigen wird der Aufenthalt in einer Musikalienhandlung zum Verhängnis. Beim Inhaber bereits in Ungnade gefallen, weil sie sich geweigert haben, einen völlig ungenießbaren Schokoriegel von ihm anzunehmen, ziehen sie sich seinen Zorn vollends zu, als sie auf der Flucht vor ihm versehentlich einige Gamben, Theorben und Orgelpositive zertrampeln. Nur durch Suizid entgehen sie lebenslänglicher Festungshaft. Ein anderes Mitglied unserer Gruppe verliert in einem Kaufhaus die Beherrschung und stiehlt einen leopardenfellbezogenen Kugelschreiber. Vor den Augen der Kundschaft wird der Ladendieb vom hauseigenen Detektiv hingerichtet. Damit nicht genug: Ein bedauernswerter Gefährte erliegt beim Blättern in unzüchtigen Druckwerken einer Lustseuche. Mit schlechtem Gewissen angesichts der hohen Verluste blase ich, dessen Überlegungen schließlich zu dieser Expedition geführt haben, zum Rückzug in die Heimat. Ohne uns noch einmal umzuwenden, rennen wir Überlebenden aufs Geratewohl der untergehenden Sonne entgegen. Dem Wald begegnen wir nicht wieder, wohl aber kommt uns jemand (der Bäumler-Manfred?) mit einer Säge entgegen und weist uns die Richtung. Aus Dankbarkeit springen wir an ihm hoch und versuchen, mit den Zungen sein Gesicht zu erreichen, aber er wehrt uns gutmütig ab. Wir laufen mit heißen Köpfen weiter, und diejenigen von uns, die wieder heimfinden, berichten später am Lagerfeuer von Ungeheuern und Höllenrachen.

# Das Bauen von Dörfern

Wir fanden es gut, Dörfer zu bauen, die an den Wald grenzten. Sie liefen alle mit zwei bis drei Straßen dahin aus. Gegen den Wald zu wurden die Häuser seltener, und es kostete Mühe, das letzte Haus das letzte sein zu lassen. Dahinter kam noch ein Garten mit Runkelrüben und flatternder Wäsche, dann kam nichts mehr. Eine gelbbraune Wiese, eben und hart, ein Stück Moor, Herbstzeitlosen; der Wald begann. Jedes Mal bedrängte mich Julia, noch ein oder zwei Hütten in den Wald zu setzen, eine wenigstens. Aber ich war dagegen, denn ich wußte: aus Hütten werden Häuser. Wer gab uns die Gewähr, daß aus unsern keine wurden? Scheunen, Unterstände für Holzarbeiter, Seilbahnhütten: alles Vorwände für Häuser. Wir ließen es also. Ich kann nicht sagen, daß sie mich nicht verlockt hätte, diese Idee mit den Hütten, aber ich tat sie ab. Ich sagte immer: Das sind Julias Ideen. Denn Julia wäre auch auf die Idee gekommen, Pappelalleen zu bauen, und noch ganz andere Dinge. So fiel es mir leichter.

Immer wieder ging der Blick zum Lagerhaus, das am andern Ende des Dorfes stand: parallel zu einem letzten, weniger tiefen Waldstreifen, der vorsprang und dem es seinen breiten Rücken zukehrte. Nahe dem schmalen Waldstreifen erinnerte es doch an die ganze Tiefe des Waldes, Morgen- und Abendspaziergänge konnte man hierher richten und wie zufällig wieder zurückkommen; ein tröstlicher Punkt für das Auge, wenn es über das Dorf streifte, ein Punkt am Rande, aber ein guter Punkt.

Von hier aus war alles vorstellbar: aufgestapelte Moose am frühen Morgen, Lichtdrähte und Postämter, von hier aus war alles leicht zu entwerfen und zu umarmen, von hier aus war es gut. Das Lagerhaus bauten wir meistens zuerst. Und hierin war ich auch mit Julia einig.

Die Verladerampe schaute zur Straße, so konnte der Mittagswind immer gut darauf fallen. Er unterbrach das Rollen der Fässer und Jutesäcke zur rechten Zeit; dann verstummte auch die Sägemühle. Die Sägemühle war unvermeidbar, aber es freute uns, sie da sein zu lassen, sie bezeichnete den Bach. Und der Bach führte in kleinen Windungen weit weg, zum Dachsteinblick oder wer weiß wohin. Das ließen wir offen. Selbst Julia war sich darüber im klaren, daß man einiges offen lassen mußte. Aber nicht alles, sagte sie manchmal und schaute hilflos auf die kurzen armseligen Straßen. Sie wagte es niemals zu sagen, daß sie sich einen Platz wünschte, aber ich erriet es fast immer. Und dann bauten wir den Platz, Julia zuliebe und schräg gegen den Wald.

Von hier ergab sich ohne weiteres die Lage des zweiten Krämerladens, eines wie durch ein Wunder noch nicht windschiefen Gebäudes, zur Linken von Enten und roten Herbstblumen flankiert, Julias Ideen, obwohl ich fand, daß der Wind zu beiden Seiten genügt hätte. Der zweite Krämerladen hatte nur ein Fenster, das mit Schachteln und Kartons aller Art angefüllt war, mit Seifenkartons im Frühjahr, mit Dattelschachteln im Herbst. Aber es hatte den Vorteil, daß ein Bauer, wenn es ihm am Heimweg schlecht wurde oder wenn es sogar zum Sterben mit ihm kam, sein Gesicht daranlehnen konnte, ehe er auf die harten gelben Wiesen hinausging. Und daß er mit der Krämerin reden konnte, die neugierig heraustrat. Was vermochte es ihm, daß wir sie nicht mochten? Die Worte der Sterbenden sind kostbar, und es liegt an ihnen, woran sie sie verschwenden. Unserem Dorf gereichten sie zur Ehre. Die Büsche rauschten milder an dem Bach, der Wind blies stärker, und das Sägemehl bäumte sich zu Figuren. Der Müller und sein Kind, sagte Julia. Tatsächlich war es so: gegen Süden zu wurde der Himmel streifig, das Licht saß vogelähnlich auf den Scheunen, ein barfüßiger Junge lief vorbei, dessen Namen wir vergessen hatten. Hinter ihm glänzte der Wald.

Waren wir so weit, so überkam uns angesichts des nachmittäglichen, erst halbgebauten Dorfes öfter ein Rauschzustand, die Freude an einem Augenblick, der vorbeigehen mußte. Warte! sagte ich zu Julia. Denn noch konnten Hänsel und Gretel hier sackhüpfen, konnte Rotkäppchen sich in ein leeres Bierfaß legen und die Rampe herunterrollen, ehe sein unverwechselbares Schicksal es ergriff. Aber sie nützten den Augenblick nicht. Unverzüglich wuchs das Dorf zusammen und Julia steuerte ängstlich auf die Dorflinde zu. Sie spielte alle ungepflanzten Pappelalleen, alle unaufgeschichteten Hügel gegen mich aus, sie sprach vom Trost der Alten und der Freude der Jungen, von Tanz und Gesang, und manchmal war ich hart daran aufzugeben. Aber *Tanz und Gesang*, das erbitterte mich so sehr, daß an dieser Stelle des Streites mein Zorn zur Kraft wuchs und die Dorflinde im letzten Augenblick unterblieb. Oder doch an den Rand des Dorfes gesetzt wurde, gegen die Ebene hin, um eine Linde zu werden und nichts als das.

Eine andere Frage, eine, die selbst ich ernster nahm, war, ob man eine Straße durch unseren Wald legen sollte. Für Holzarbeiter, sagte Julia, die meine Einwände kannte. Und sie sagte: Durch alle Wälder führen Wege.

Daß aber auf diese Art aus einem Wald zwei würden, bedachte sie nicht und war auch nicht bereit, es zu bedenken. Sie hielt mir ihre ängstliche Stimme entgegen, als wäre diese Stimme Beweis genug. Wir haben keine andere Wahl. Dieses letzte Argument war das einzige, das mich überzeugte und manchmal dazu bewegte, einen Weg für Holzarbeiter quer durch das Ende unserer Welt zu legen, aus einem Wald zwei Wälder zu machen; einen Weg, der doch zu nichts anderem führen konnte als zu *dem breiten, gewundenen Band der Straße*, das wir zur Genüge kannten, zu Spielzeugdörfern und Seen. Aber wer weiß, sagte Julia.

Die Wolkenspiele festzulegen, weigerte sich selbst Julia. Die mußten kommen, wie sie wollten, feurig oder bleich, vom Gebirgsrand oder von der Ebene, uns zu Häupten oder nicht. Auch über die Entfernung zum Gebirge gab es keinerlei Disput, sie war gegeben. Wenn es Julia langweilig wurde, warf sie Worte in die Debatte wie *Der Badeplatz des Briefträgers* oder *Das Floß mit den Jodlern* und kicherte vor sich hin. Dann lachten wir beide, ließen es aber bald wieder. Julia, die allmählich ermüdete, begann, sich über einen prunkvollen Balkon an einem kleinen Haus zu ereifern, das außerhalb des Dorfes stand. Sie scheute auch nicht davor zurück, mit der Besitzerin des Hauses einen Streit zu beginnen. Die Stimmen hallten in der Dämmerung, die Lichtleitungen sprühten Funken. Ich haßte diese Dispute zwischen Julia und der Frau, sie erinnerten mich regelmäßig daran, daß das Dorf zu dreiviertel gebaut war, daß die Dämmerung kam, ach Gott, an wievieles erinnerten sie mich.

Wären die Bergränder glühend hervorgesprungen, um uns zu helfen. Aber sie hüllten sich in Schweigen und Finsternis, jemand bewegte mit dem Fuße den Wald, und jenseits davon begann tatsächlich der kleine Dampfer zu tuckern, der an der stillsten Stelle den See durchquerte. Hörst du? sagte Julia. Ich sah ihr an, daß sie Lust hatte, von den Kindern in der Laube zu sprechen, die jetzt um den Abendtisch saßen, von den Mädchen im Eissalon, und vieles mehr. Ihr langes rotblondes Haar hing über dem Wald.

Und solang war es gut. Aber mit der Dunkelheit, die es auslöschte, die den Moos- und Beerengeruch, der immer dichter aufgestiegen war, in den von Moder verwandelte, und die Rufe der Försterkinder, die sich spät genug heimtrollten, das Klirren der Dachfenster und Schlagen der Haustore abdeckte, kamen die Fragen wieder, die naheliegenden Verlockungen des Sees, des Mondesglanzes, der gespiegelten Lichter. Was hatte uns bewogen, unser Dorf auf diesen schwachen Hügel zu bauen, auf dem es soviel wie wenig Platz gab, von dem aus man Lichtleitungen und Bergränder gleichmäßig übersah, der nicht einmal für sich hatte, dem See fern genug zu sein? Ja, was hatte er überhaupt für sich? Den Wald vergaßen wir in diesem Augenblick immer.

Die Sehnsucht nach dem See übermannte uns, der uns seine Ufer schenkte, nach den Pflaumengärten, die am Wasser lagen, nach den weißen Pfosten und den erntenden Frauen, nach Schulhäusern, Stegen und Booten, die sich wiegten, nach den Lichtern der Sommerfrischler in den Bauernhäusern, die Sehnsucht nach einem Platz, der unserem Dorfe entgegenkam, der seine feuchten und herrlichen Wiesen uns entgegenstreckte: Kommt! Warum hatten wir hier gebaut? Warum? sagte Julia.

Ich wußte es nicht und darum gaben wir auf. Wir stellten das Dorf vom Walde weg, aus dem mit der Feuchtigkeit die Dunkelheit ungespiegelt strömte, und bauten es an den See. Wie von selbst stand nun die Gerberei an dem schmalen Bach, der die Wiesen herunterströmte, wie der bunte Garten vor dem Krämerladen ergab sich der Landeplatz, und die Konditorei konnte nirgends anders mehr stehen als dort, wo sie stand. Bald konnten die Mädchen da einkehren, nur ein Mittag war abzuwarten, und auf den grünen Bänken vor den Häusern an der Straße rekelten sich die Dorfjungen. Und wie sich auf den abfallenden Wiesen die Bäume zu prächtigen Gruppen sammelten, vom Mondlicht leicht zu umfließen, sammelten sich die Leute in der Wartehütte am Steg, und einer von ihnen, ein alter Mann, sagte, das letzte Boot wäre noch lange nicht gegangen. Hörst du? sagte Julia. Weshalb haben wir dann das Dorf vom Walde weggebaut, wir hätten warten sollen. Aber nun war es geschehen, in einiger Entfernung entstand schon das Haus des Lehrers, ein Arzt baute sich den Hügel hinauf, und das Wasser klatschte gegen die Stegpfosten. Manche von den Leuten, die da warteten, gingen ungeduldig von der Hütte auf den Steg und wieder zurück, auf dem Seeweg lachte ein Mädchen so laut, daß mans hören konnte.

Auf dem Friedhof schien der Mond auch auf ein Grab an dem seewärts gelegenen Teil der Mauer. Auf dem schwarzen, geschwungenen Kreuz stand mit goldener Schrift, daß darinnen ein Fräulein Juliane lag, die im Alter von zweiundsiebzig Jahren vor langem verstorben war. Aber das war nicht Julia.

# Landkarten

»Wie nützlich doch so ein Faltplan ist!« bemerkte ich.

»Das haben wir ebenfalls von *Ihrem* Volk gelernt«, gestand Mein Herr, »das Herstellen von Karten. Aber wir haben es viel konsequenter getrieben als *Sie*. Was halten Sie für die *größte* noch brauchbare Karte?«

»Die im Maßstab eins zu zehntausend, also zehn Zentimeter für einen Kilometer.«

»Nur *zehn Zentimeter!*« wunderte sich Mein Herr. »Wir waren schon bald auf zehn *Meter* für einen Kilometer. Dann haben wir es mit *hundert* Metern für einen Kilometer versucht. Und dann kam uns die allergroßartigste Idee! Wir haben wahrhaftig eine Karte im Maßstab eins zu eins von unserem Land gezeichnet!«

»Haben Sie sie schon oft gebraucht?« verlangte ich zu wissen.

»Sie ist bisher noch nie entfaltet worden«, bekannte Mein Herr. »Die Bauern haben dagegen protestiert: sie haben behauptet, das ganze Land würde zugedeckt und die Sonne ausgesperrt! Deshalb benutzen wir jetzt das Land selbst als Karte, und ich kann Ihnen versichern, das ist fast genauso gut.«

## Der Sturmwind

Während dieses langen und leeren Winters trug die Dunkelheit in unserer Stadt gewaltige, hundertfältige Frucht. Weil man auf den Dachböden und in den Rumpelkammern allzulange nicht aufgeräumt, sondern Topf neben Topf und Flasche neben Flasche gestopft hatte, erlaubte man den Batterien leerer Bouteillen, endlos anzuwachsen.

Dort, in diesen verbrannten, balkenreichen Wäldern der Böden und Dächer, begann die Dunkelheit zu entarten und wild zu gären. Dort nahmen die schwarzen Reichstage der Töpfe, die geschwätzigen und eitlen Versammlungen alten Geschirrs, die stammelnden Flaschnereien, Gluckereien der Botteln und Bottiche ihren Anfang. Bis eines Nachts die Phalangen der Töpfe und Flaschen unter den Schindelräumen schwollen und als großer, dichtgedrängter Volkshaufen auf die Stadt zuschwammen.

Die aus den Dachböden emporgewachsenen Dachböden erweiterten sich einer aus dem anderen und schossen als schwarze Spaliere in die Höhe, und über ihre geräumigen Echohalden liefen Kavalkaden von Pfosten und Balken, Lançaden hölzerner Böcke, die auf ihren tännernen Knien lagen, um – in die Freiheit entwichen – die Räume der Nacht mit dem Galopp der Dachsparren und dem Getümmel der Querbalken und Spannriegel zu erfüllen.

Dann ergossen sich diese schwarzen Flüsse, die Wanderzüge der Fäßchen und Kannen, und flossen durch die Nacht. Ihre schwarzen, schillernden, geräuschvollen

Aufläufe belagerten die Stadt. Durch die Nächte wimmelte dieser dunkle Tumult der Gefäße und drängte und drückte wie Armeen von geschwätzigen Fischen – ein unaufhaltsamer Überfall schnauzender Kübel und faselnder Scheffel.

Mit den Böden donnernd, türmten sich Eimer, Fäßchen und Kannen, irdene Bottiche von Töpfern schepperten, alte Hüte und Zylinder von Stutzern krabbelten mühsam einer auf den anderen, wuchsen gleich Säulen in den Himmel und zerfielen.

Und alle polterten plump mit den Stöpseln ihrer hölzernen Zungen, mahlten in den hölzernen Mäulern ungelenk das Gestammel von Flüchen und Beschimpfungen und irrten durch den Sumpf, der über dem ganzen Raum der Nacht lag, bis sie das Ihrige erlästert und erflucht hatten.

Herbeigerufen vom Rasseln der Gefäße, das sich klatschend von einem Ufer zum anderen ausbreitete, folgten schließlich die Karawanen, zogen die mächtigen Heerlager des Windes herauf und blieben über Nacht stehen. Ein gewaltiges Lager, ein schwarzes, wildbewegtes Amphitheater begann in mächtigen Kreisen zur Stadt herabzusteigen. Und es brach eine ungeheure, vom Sturmwind aufgewühlte Dunkelheit aus und wütete drei Tage und drei Nächte . . .

»Du gehst heute nicht zur Schule«, sagte die Mutter in der Frühe, »es ist ein schrecklicher Sturmwind draußen.« Im Zimmer schwebte ein zarter Rauchschleier, der nach Harz duftete. Der Ofen heulte und jaulte, als ob in seinem Innern eine ganze Koppel Hunde oder Dämonen angebunden wäre. Die große Sudelei, die ihm auf den berstenden Bauch gemalt war, schnitt bunte Grimassen und phantasierte mit aufgeblasenen Backen.

Ich lief barfuß ans Fenster. Der Himmel war kreuz und quer von Winden aufgebläht. Silbrigweiß und geräumig, war er straff bis zum Platzen mit Kraftlinien und strengen Furchen gezeichnet, erstarrten Zinn- und Bleiadern gleich. In energetische Felder unterteilt und vor Spannung zitternd, war er voll heimlicher Dynamik. Es zeichneten sich auf ihm die Diagramme des Sturmwinds, der – selbst unsichtbar und unfaßbar – die Landschaft mit Potenz lud.

Er war nicht zu sehen. Man erkannte ihn an den Häusern und an den Dächern, in die er einer Furie gleich hineinfuhr. Eins nach dem anderen schienen die Dächer, wenn seine Kraft in sie einging, zu wachsen und vor Wahnsinn zu explodieren.

Er überrollte die Plätze, ließ weiße Einöde auf den Gassen zurück, fegte ganze Häuserreihen des Rings blank. Nur da und dort beugte sich vor ihm, zitternd an eine Hausecke geklammert, ein einsamer Mensch. Der ganze Ringplatz schien als leerer Kahlkopf unter seinen mächtigen Flügeln sich zu bauschen und zu glänzen.

Am Himmel blähte der Wind kalte und tote Farben auf, giftgrüne, gelbe und lila Streifen, die fernen Gewölbe und Arkaden seines Labyrinths. Die Dächer wurden unter diesen Himmeln schwarz und krumm, neugierig und erwartungsvoll. Die, welche der Wind betrat, erhoben sich voller Begeisterung, wuchsen über die benachbarten Häuser hinaus und prophezeiten unter dem windzerzausten Himmel. Dann schrumpften sie zusammen, fielen ein und erloschen, weil sie seinen mächtigen Atem nicht mehr länger auszuhalten vermochten, der weiterflog und den ganzen Raum mit Tumult und Bestürzung erfüllte. Und es erhoben sich wiederum andere Häuser mit lautem Geschrei und verkündeten in Anfällen von Hellseherei Zeichen und Wunder.

Die riesigen Buchen rings um die Kirche standen mit erhobenen Armen wie Zeugen erschütternder Offenbarungen da und schrien.

Etwas weiter, hinter den Dächern des Ringplatzes, sah ich die fernen Feuermauern und die nackten Giebelwände der Vorstadt. Sie bäumten sich übereinander und wuchsen, starr vor Entsetzen und verblüfft. Ein ferner, kalter, roter Widerschein färbte sie mit späten Farben.

Wir bekamen an diesem Tag kein Mittagessen, denn das Feuer in der Küche kehrte als Rauchschwaden in die Stube zurück. In den Zimmern war es kalt und roch nach Wind. Um die zweite Nachmittagsstunde brach in der Vorstadt ein Brand aus und griff gewaltig um sich. Die Mutter und Adela fingen an, die Betten, die Pelze und die Kostbarkeiten einzupacken.

Es wurde Nacht. Der Wind nahm zu an Kraft und Gewalt, entfaltete sich übermäßig und erfaßte den ganzen Raum. Jetzt suchte er nicht mehr die Häuser und die Dächer heim, sondern baute über der Stadt einen vielstöckigen, vielfältigen Raum, ein schwarzes Labyrinth aus, das in endlosen Wolkenetagen emporwuchs. Aus diesem Labyrinth schoß er in ganzen Galerien von Zimmern hervor, führte er blitzschnell Flügel und Trakte auf, drechselte er donnernd lange Zimmerfluchten, um dann alle diese imaginären Stockwerke, Gewölbe und Kasematten einstürzen zu lassen und sich noch höher, unförmige Maßlosigkeit mit seiner eigenen Begeisterung gestaltend, in die Lüfte emporzuschwingen.

Das Zimmer bebte leise, die Bilder an den Wänden klirrten. Die Fensterscheiben funkelten im fetten Widerschein der Lampe. Die Vorhänge hingen gebläht und ge-

25

bauscht vom Atem dieser stürmischen Nacht an den Fenstern. Es fiel uns ein, den Vater seit dem Morgen nicht mehr gesehen zu haben. Wir meinten, daß er sich schon zeitig in der Frühe in den Laden begeben haben müsse, wo ihn der Sturmwind überrascht und ihm den Rückweg abgeschnitten habe.

»Den ganzen Tag hat er nichts gegessen«, jammerte die Mutter. Der älteste Gehilfe, Teodor, unternahm es, sich in Nacht und Sturm auf den Weg zu machen, um ihm eine Stärkung zu bringen. Mein Bruder schloß sich der Expedition an.

In große Bärenpelze gehüllt, beschwerten sie ihre Taschen mit Bügeleisen und Mörsern, einem Ballast, der verhindern sollte, daß sie vom Sturmwind fortgeweht würden.

Vorsichtig wurde die Tür geöffnet, welche in die Nacht hinausführte. Kaum daß der Gehilfe und mein Bruder mit geblähten Mänteln einen Fuß in die Dunkelheit gesetzt hatten, wurden sie sogleich auf der Schwelle des Hauses von der Nacht verschlungen. Der Wind verwischte momentan die Spur ihres Ausgangs. Nicht einmal die Laterne, die sie mitgenommen hatten, war durch das Fenster zu sehen.

Nachdem sie der Wind verschlungen hatte, verstummte er ein Weilchen. Adela und die Mutter versuchten aufs neue, ein Feuer im Küchenherd zu entfachen. Die Zündhölzer erloschen, durch das Ofentürchen blies es Asche und Ruß herein. Wir standen unter der Tür und horchten. In den Klagen des Windes ließen sich allerhand Stimmen, Debatten, Anrufungen und Schwätzereien vernehmen. Es war uns, als hörten wir die Hilferufe des im Sturmwind verirrten Vaters; bald schien wieder der Bruder mit Teodor sorglos unter der Tür zu plaudern. Der Eindruck war so täuschend, daß Adela die Tür öffnete und tatsächlich Teodor und meinen Bruder erblickte, die sich mit großer Mühe aus dem Sturmwind herausarbeiteten, in dem sie bis unter die Achseln steckten.

Sie betraten atemlos den Flur und drückten unter Aufbietung aller Kräfte die Tür hinter sich zu. Eine Zeitlang mußten sie sich gegen den Türrahmen stemmen, so heftig stürmte der Wind gegen das Tor. Endlich schoben sie den Riegel vor, und der Wind jagte weiter.

Sie erzählten verworren von der Nacht und vom Sturm. Ihre winddurchtränkten Pelze rochen jetzt nach Luft. Sie zwinkerten mit den Lidern im Licht; ihre Augen, noch voller Nacht, troffen bei jedem Schlag der Lider vor Dunkelheit. Sie konnten nicht bis zum Laden vorstoßen, hatten den Weg verloren und fanden kaum noch zurück. Sie erkannten die Stadt nicht wieder, alle Gassen waren wie umgestellt.

Die Mutter argwöhnte, daß sie logen. Tatsächlich machte diese ganze Szene den Eindruck, als hätten sie eine Viertelstunde lang in der Dunkelheit unter dem Fenster gestanden, ohne sich überhaupt entfernt zu haben. Doch vielleicht gab es die Stadt und den Ring wirklich nicht mehr, und der Wind und die Nacht hatten unser Haus nur mit schwarzen Kulissen voller Heulen, Pfeifen und Stöhnen umgeben. Vielleicht gab es diese ungeheuren und kläglichen Räume, die uns der Wind suggerierte, überhaupt nicht. Vielleicht gab es diese beklagenswerten Labyrinthe, diese fensterreichen Trakte und Korridore, auf denen der Wind wie auf langen schwarzen Flöten spielte, schlechthin nicht. Immer mehr festigte sich in uns die Überzeugung, daß dieses ganze Unwetter nur eine nächtliche Donquichotterie war, die auf engem Kulissenraum die tragische Maßlosigkeit, kosmische Obdachlosigkeit und Verwaisung des Sturmwinds nachahmte.

Immer häufiger öffnete sich jetzt die Tür zum Hausflur und ließ in Kapuzenmäntel und Schals gehüllte Gäste herein. Ein außer Atem gekommener Nachbar oder Bekannter wickelte sich langsam aus seinen Tüchern und Mänteln und stieß mit japsender Stimme Erzählungen, abgerissene und zusammenhanglose Worte hervor, welche die Maßlosigkeit der Nacht phantastisch vergrößerten und ins Lügenhafte übertrieben. Wir saßen alle in der hellerleuchteten Küche. Hinter dem Küchenherd und der schwarzen, breiten Kaminkappe führten ein paar Stufen zur Tür des Dachbodens.

Auf diesen Stufen saß der älteste Gehilfe Teodor und horchte, wie der Dachboden im Wind musizierte. Er hörte, wie sich in den Pausen des Sturmwinds die Bälge der Bodenrippen in Falten legten und das Dach bald erschlaffte und herabhing wie eine riesige Lunge, welcher der Atem entflohen ist, wie es bald wieder Atem schöpfte, von den Palisaden der Dachsparren reguliert wurde, wie ein gotisches Gewölbe emporwuchs, sich als ein Wald von Balken mit hundertfachem Echo ausbreitete und wie ein Gehäuse riesiger Bässe dröhnte. Aber dann vergaßen wir den Sturmwind. Adela zerstampfte in einem erdröhnenden Mörser Zimt. Tante Perazja kam zu Besuch. Klein, flink und voller Betriebsamkeit, mit einem schwarzen Spitzenschal auf dem Kopf, eilte sie geschäftig in der Küche hin und her, Adela zu helfen. Adela rupfte einen Hahn. Tante Perazja zündete unter der Kaminkappe eine Handvoll Papier an, und die breiten Lappen der Flamme flogen in das schwarze Feuerloch hinein. Adela hielt den Hahn am Kragen und schwenkte ihn über der Flamme hin und her, um die restlichen Federn abzubrennen. Der Hahn schlug im Feuer plötzlich mit den Flügeln, krähte einmal und verbrannte. Da begann Tante Perazja zu schimpfen, zu fluchen und zu lästern. Zitternd vor Wut drohte sie Adela und der Mutter mit den Armen. Ich verstand nicht, worum es ging, aber sie geriet in immer heftigeren Zorn und wurde ein einziges Bündel Gestikulation und Verwünschung. Sie schien sich in diesem Wutanfall in Stücke zu gestikulieren, zu zerfallen, sich zu teilen, in hundert Spinnen auseinanderzulaufen und sich auf dem Fußboden als schwarzes, flimmerndes Bündel verrückter Schabenbewegungen zu verzweigen. Indes begann sie – ohne Unterlaß sich ereifernd und Verwünschungen um sich streuend – unversehens kleiner zu werden und zu qualmen. Auf einmal trippelte sie, buckelig und klein, in die Küchenecke, wo das Brennholz lag, und begann, fluchend und hüstelnd, fieberhaft unter den klappernden Holzstücken zu suchen, bis sie zwei dünne, gelbe Späne gefunden hatte. Die packte sie mit vor Erregung fliegenden Händen und probierte sie ihren Beinen an, worauf sie sich an ihnen wie auf Stelzen emporzog und auf diesen gelben Krücken zu gehen, über die Bretter zu poltern und der schiefen Linie des Fußbodens entlang zu laufen begann, immer schneller und schneller, dann lief sie auf die tännerne Bank, torkelte über die donnernden Bretter, von dort kletterte sie auf das Regal mit den Tellern, das klirrende, rasselnde Regal, das sich rings um die Wände der Küche zog, lief mit schlenkernden Gliedern auf den Stelzenkrücken an ihm entlang, um schließlich in irgendeinem Winkel, immer weiter zusammenschrumpfend, schwarz zu werden, sich wie welkes, verbranntes Papier zusammenzurollen, in ein Plättchen

Asche zu verglimmen und in Staub und Nichts zu zerfallen.

Wir standen alle ratlos dieser rasenden Furie des Zorns gegenüber, die sich selber verschlang und auffraß. Mit schmerzlicher Teilnahme betrachteten wir den traurigen Verlauf dieses Anfalls und kehrten mit einer gewissen Erleichterung zu unseren Beschäftigungen zurück, als dieser klägliche Vorgang sein natürliches Ende erreicht hatte.

Adela läutete wiederum mit dem Mörser und stieß den Zimt, die Mutter setzte das unterbrochene Gespräch fort, und der Gehilfe Teodor lauschte den Prophezeiungen der Dachböden, schnitt lächerliche Grimassen, zog die Brauen hoch und lachte in sich hinein.

ROR WOLF

## Der Wind, der Regen oder irgend etwas

Plötzlich schlug einer der Männer, von denen ich früher gesprochen habe, die Tür zu. Er sprang, weil der Regen stärker geworden war, in die Gastwirtschaft *Bürgerbräu*, um sich in Schweigen zu hüllen. Ich bin nicht imstande, zu sagen, was später geschah; ich weiß aber ziemlich genau, was sich vorher, vor diesem Türenzuschlagen, ereignet hatte. Der Mann, den wir Dollinger nennen wollen, hatte die Angewohnheit, bei Regenwetter durch die Natur zu spazieren, um sich den Regen auf seinen nackten Kopf fallen zu lassen. Er tat das bedächtig, ohne daß jemals etwas Bemerkenswertes passierte. Wenn es zu regnen begann, betrat er die Straße; und er verschwand, wenn der Regen beendet war. Eines Tages hatte der Himmel sich mit einer dünnen glasigen Schicht bezogen. Der Mann war ganz selbstverständlich aus der Haustür getreten und hatte hinaufgeschaut in das finstere Wolkenziehen. Er hatte zuerst nur ein leichtes Schwitzen bemerkt, eine unbedeutende Feuchtigkeit. Er hörte dann auch ein Schmatzen, ein zartes Geräusch wie ein Öffnen von Etwas, das Öffnen vielleicht eines Maules, eines natürlich ganz kleinen, ganz unbedeutenden Maules, aus dem es herauszutropfen begann. Das Wetter war nun ganz schwarz geworden, ganz brandig und von den Rändern her faulig und dick. In großer Geschwindigkeit waren Knollen herangezogen und dunkle Beulen, die aufbrachen und ihren Inhalt entleerten. Es war ein entsetzliches Spritzen; die Häuser flossen von oben, von ihren Dächern her, einfach herunter, bis auf den Boden; die Fenster flossen aus den Fassaden heraus, an den Wänden herab; dann flossen die Straßen davon, am Rinnstein entlang; diese ganze berühmte Stadt, die geschwollenen Kuppeln, die Knicke, die Spitzen, die schweren rauchausatmenden Fabriken drehten sich in die schnarchende Tiefe. Und dieser Mann, dessen Leben wir eine Weile verfolgen, Dollinger, floß vom Kopf bis hinab zu den Schuhen davon, in den wehenden Nebel hinein. Danach schloß er die Tür und lehnte sich schweigend zurück. Er befand sich noch immer unter dem Einfluß der fürchterlichen Ereignisse. Ich halte es allerdings für wahrscheinlich, daß inzwischen vor dieser Tür, wenn man sie öffnen würde, gar nichts mehr wäre; kein Mensch, keine Straße, kein Regen und keine Füße; also nichts von den Dingen, von denen wir glauben, daß es sie tatsächlich gibt.

## Ländliches Tagebuch

Sonnabend

Wir landeten glatt auf einer Wiese unweit von Bäumen und schreckten die schafsdummen Kühe auf – in der Nähe sah ich Widder weiden – und stieg aus dem Aeroplan, ohne allerdings zu wissen, wo Süden und wo Norden sei, überhaupt weiß ich nicht recht, was Sache ist, denn ich schwitze, ja, ich schwitz es raus, und die dünne und glühende Luft tanzt mir vor den Augen ... Ein Landhaus inmitten von Eukalyptusbäumen, von Papageiengeschrei zerrissen.

Mit ihrem Pfötchen kneift die Sonne mir die Augen zu, und währenddessen spaziere ich unter den Bäumen, doch Sergio sagt etwas und ein großer Vogel fliegt auf – ich schwitze – fliegt auf und ich schwitze – und höre, daß er sagt, ob man nicht auf Jagd gehen sollte. Aber ich schwitze. Ich schwitze und bin leicht nervös! Launisch. Außerdem habe ich es satt, daß dieser Bursche immer tut, was man von ihm erwartet, zum Essen setzt er sich an den Tisch, wenn es spät ist, gähnt er, und wenn wir aufs Land kommen, lädt er zu einer Jagdpartie. Ich bat ihn, nicht weiter durch Banalität zu langweilen und in Zukunft etwas überraschender zu sein. Er gab nichts zur Antwort. Die Fliegen summen.

Sonntag

Ich erwachte ziemlich spät und versuchte, mich zurechtzufinden, aber das ist gar nicht so einfach, denn bei der grellen Sonne kriegt man kaum die Augen auf ... ich sehe nur sandigen Boden unter den Füßen und, ja, Ameisen wohl. Ich versuchte den Blick zu heben und schielte nach rechts, da stand eine Kuh, aber als ich nach links schaute, stand dort auch eine Kuh. Ich ging so für mich hin, im Sonnengezitter, das durch die Blätter glitt, und wußte, vor mir ist ein Baum. Und Sergio, der mit mir ging, klettert auf den Baum. Ich fragte, ob er sich nicht etwas Originelleres ausdenken könnte? Statt zu antworten, kam er wieder angeklettert, aber diesmal wohl ohne Baum. Ich sage »wohl«, denn mit zugekniffenen Augen konnte ich das nicht genau erkennen, und außerdem zerfließe ich . . .

Montag

Ich denke über meine Arbeit nach, über meine Stellung in der Literatur, meine Verantwortung, meine Bestimmung und meine Berufung.

Doch links, nein rechts, summt eine Mücke, das Grün geht ins Blau über, die Papageien kaudern, und ich habe mich bisher nicht umsehen können, weil ich erstens keine Lust habe und zweitens zerfließe. Ich nehme an, ich bin von Palmen, Kakteen, Dickicht, Weideland, Sümpfen oder auch Mooren umgeben, doch Genaues weiß ich nicht; ich sah einen Pfad, ich ging diesen Pfad, der Pfad führte mich in ein teeduftendes Gebüsch, aber das war kein Tee, unter meiner Hutkrempe sah ich dann ganz in der Nähe Sergios Beine. Was hatte er hier verloren? Wollte er mich auf dem Spaziergang begleiten? In einem Anflug von Ärger fragte ich ihn, ob er denn ewig konventionell bleiben wolle, da heben sich plötzlich gleichsam seine Beine und beginnen, in einer Höhe von ca. 15 cm über der Erde zu schreiten. Das dauerte ein paar Minuten. Dann sanken sie wieder herab und marschierten auf der Erde ... Ich benutze das Wort »gleichsam«, weil ich nicht glaube, daß so etwas möglich ist, außerdem schwitze ich, und der Hut, die grelle Sonne und das Gestrüpp schränken die Sicht ein. Maniok.

Dienstag

Nichts Neues. Wenn ich nicht irre, sehen mir Herden von Pferden zu, auch Kühe betrachten mich in ungeheuren Mengen.

Die Abende sind kühler, aber dennoch ist Kompott im Kopf und in den Beinen Schlottrigkeit. Sergio hat beim Abendessen statt der Zigarette die Gardine angezündet, und ich wollte schon schreien, aber wie sich herausstellte, hatte er sie nicht ganz angezündet, das heißt, nicht vollständig, eher halbherzig, was eine gewisse, übrigens auch halbherzige, Verwunderung bei seinen Eltern hervorrief, und ich sagte, seltsam nachsichtig gestimmt: »Na, na, Sergio, was fällt dir ein?«

Mittwoch

Ich schmelze und zerfließe, aber es zerfließt auch alles, wo ist Norden, wo Süden, keine Ahnung, vielleicht sehe ich die Landschaft verkehrt herum, aber Landschaft ist ja gar nicht, nur kleine Fliegen, Stengel, Streifen, das Zittern der Atmosphäre, ein Summen, das im Sonnenglanz ertrinkt. Dagegen beunruhigt mich Sergio allmählich. Heute beim Frühstück hat er uns erneut leicht verblüfft, als er irgendwie so um die Ecke kam, daß er beim Eintritt ins Eßzimmer gleichsam noch einmal ins Eßzimmer kam, das heißt, sozusagen von innen, es war, als käme er von innen nach innen; dadurch konnte er dann später

von innen nach innen und erst von innen nach außen gehen ... Ich sage »gleichsam«, »sozusagen«, weil all das
nur zu einem gewissen Grade zutraf, aber zweifelsohne
entfernt sich der Junge immer mehr von der Schablone.
Seine Eltern wiesen ihn zurecht, aber nur bis zu einem
gewissen Grade, denn man weiß ja – schweißbedeckt –
nicht, wo rechts und links ist, und alles verschwimmt ...

DOUGLAS ADAMS

## Haus am Meer

Sein Haus war allerdings wirklich merkwürdig, und da
es das erste war, worauf Fenchurch und Arthur gestoßen
waren, wäre es vielleicht hilfreich zu wissen, wie es war.
　Es war folgendermaßen:
　Es war von innen nach außen gekrempelt.
　Wirklich von innen nach außen, was hieß, daß sie auf
dem Teppich parken mußten.
　Entlang dessen, was man normalerweise die Außen-
mauer nennen würde, die in einem geschmackvollen
Innenarchitekten-Rosa gestaltet war, standen Bücher-
regale, dazu zwei von diesen komischen dreibeinigen
Tischen mit halbkreisförmigen Platten, die immer so da-
stehen, daß man meint, jemand hätte die Wand einfach
genau durch sie hindurch gemauert, und an ihr hingen
Bilder, die offenbar beruhigen sollten.
　Wo es wirklich merkwürdig wurde, war das Dach.
　Es faltete sich in sich selbst zurück wie etwas, das

Maurits C. Escher, hätte er sich städtischen Alptraumnächten ergeben, was zu behaupten keinesfalls das Anliegen dieser Geschichte ist, obwohl es, wenn man sich seine Bilder ansieht, besonders das mit all den unangenehmen Treppen, manchmal schwerfällt, sich nicht zu wundern, sich erdacht haben könnte, nachdem er auf einer gestanden hatte, denn die kleinen Kronleuchter, die eigentlich hätten drinnen hängen müssen, waren draußen und standen nach oben.

Verwirrend.

Auf dem Schild über der Haustür stand »Heraus«, und danach hatten sie sich ängstlich gerichtet.

Drinnen war natürlich die Außenseite. Rohes Ziegelwerk, hübsch weiß verfugt, die Dachrinnen gut gepflegt, ein Gartenweg, ein paar Bäumchen, auf die einige Zimmer blickten.

Und die Innenwände bogen sich nach unten weg, falteten sich zusammen und öffneten sich am Ende, wie um mit einem optischen Trick, der selbst Maurits C. Escher zum Stirnrunzeln und zu der Frage gedrängt hätte, wie man sowas macht, den ganzen Pazifischen Ozean zu umschließen.

»Hallo«, sagte John Watson, Wonko der Verständige.

Wunderbar, dachten sie im stillen, »hallo« ist etwas, dem wir gewachsen sind.

## Wohnsiedlung von Gestalten der englischen Literatur des 19. Jahrhunderts erbaut

*Eine Baustelle. Die Kamera schwenkt darüber.*

OFF-SPRECHER. Diese neue Wohnsiedlung in Bristol ist eine der interessantesten im ganzen Land. Eine Reihe neuer Techniken kommt zur Anwendung: stoßsichere Vorhang-Wände, zentrale Hochspannung, eigene Stromerzeugung, stranggepreßte Acryl-Fiberglas-Ausstattung. Es ist außerdem das erste größere Siedlungsprojekt in England, das ausschließlich von Gestalten aus der englischen Literatur des 19. Jahrhunderts gebaut wird.

*Inzwischen ist der Schwenk bei einem Abschnitt der Baustelle stehengeblieben, wo man verschiedene literarische Figuren des 19. Jahrhunderts bei der Arbeit an einer Zementmischmaschine sieht: zwei Damen in Reifröcken, Bob Cratchett auf dem Rücken seines Vaters, Heathcliff und Catherine, die sich in schwelender Leidenschaft Ziegelsteine zuwerfen. Nelson, Mr. Beadle als Vorarbeiter.*

*Schnitt in das Innere eines halbfertigen Beton-Rohbaus. Ein kleines Mädchen arbeitet oben auf einer Leiter.*

OFF-SPRECHER. Hier paßt Little Nell aus Dickens' *Raritätenladen* gerade neue Nylon-Syphons in die asbestverkleideten Zwischendecken ... *(Aufnahme von komplizierten elektrischen Drähten in einer beeindruckenden elektrischen Installation.)* Aber die meiste Aufmerksamkeit erregt doch das elektrische System.

*(Schnitt auf Arthur Huntingdon, der einen Plan studiert; er trägt einen Bauarbeiterhelm.)* Arthur Huntingdon, aus *Die Pächterin von Wildfell Hall* von Anne Brontë, den Helen Graham als junges Mädchen geheiratet hat und dessen schamloses Verhalten sie schließlich zu ihrem Bruder Lawrence zurücktrieb, beschreibt, warum es so einzigartig ist.

HUNTINGDON. Weil es eine eigene Stromerzeugung besitzt, Sir. Weil wir hier, in diesem Schrein, die Kräfte des Lebens selbst nutzbar gemacht haben. Eben die Kräfte, die Helen dazu bringen werden, zurückzueilen und um Verzeihung zu flehen!

*Schnitt zu einer Nahaufnahme von vorfabrizierten Betonplatten, die von einem Kran in die Luft gezogen werden. Während der Kommentator spricht, fährt die Kamera zurück und gibt den Blick frei auf eine Menge von Landarbeitern aus dem 19. Jahrhundert bei der Arbeit.*

OFF-SPRECHER. Die Vor-Ort-Bautechnik umfaßt auch die Errichtung von vier Meter hohen Wandblöcken durch eine Gruppe von Landarbeitern aus Hardys *Tess von D'Urbervilles*. Die Arbeit wird von der liebenswürdigen Gutsbesitzerin Mrs. Jupp aus Samuel Butlers *Der Weg allen Fleisches* kontrolliert.

*Schwenk, der Mrs. Jupp mit einem Clipboard zeigt.*

*Schnitt zum Sprecher, einem Reporter mit einem Mikrophon vor dem eindrucksvollen Bau-Abschnitt eines Autobahnkreuzes. Hinter ihm sieht man sechs Engel, drei Teufel und Adam und Eva auf der Baustelle arbeiten.*

REPORTER. In noch höherem Maße als bei der Baustelle in Bristol haben wir es hier mit echtem Fortschritt zu tun. Hier entsteht Englands erstes Autobahnkreuz

mit achtzehn Ebenen, erbaut von Gestalten aus Miltons *Das verlorene Paradies* ...
*Er dreht sich um, und wir zoomen an ihm vorbei zu den Engeln usw.*

REPORTER *(Off-Sprecher)*. Wie sieht's aus hier?
*Schnitt auf einen Polier in Arbeitskittel und Helm.*

POLIER. Also, niemand ist hier richtig klargekommen. Satan kam nicht mit Eva klar. ... äh ... der Erzengel Gabriel kam nicht mit Satan klar ... niemand kam mit der Schlange klar, und darum müssen sie jetzt im Rotationssystem arbeiten: die Mächte des Guten von zehn bis drei, die Mächte des Bösen von drei bis sechs.
*Die Kamera fährt durch ein Hochhaus-Baustellengebiet.*

OFF-SPRECHER. In einem expandierenden neuen Stadtbebauungsgebiet in der Nähe von Peterborough werden sogar noch modernere Bautechniken angewandt. Hier können der Unglaubliche Mystico und Janet mit Hypnose einen ganzen Wohnblock in weniger als einer Minute errichten.
*Mystico legt Umhang, Handschuhe und Hut ab und gibt sie Janet, die einen Knicks macht. Dann macht er mehrere Handbewegungen.*
*Schnitt zu rückwärts abgespieltem Archivmaterial von einstürzenden Wohnhäusern, die also hochschnellen.*
*Schnitt zurück zu Mystico und Janet. Sie reicht ihm seine Sachen, und beide gehen zu ihrem Auto, einem kleinen Austin 30.*

OFF-SPRECHER. Der hiesige Gemeinderat verfügt über fünfzig solcher durch Hypnose errichteter Wohnblocks mit 25 Stockwerken, die alle von El Mystico und Janet stammen. Ich habe Mr. Ken Verybigliar gefragt, welche Vorteile die Hypnose gegenüber anderen Baumethoden hat.

*Schnitt zu einem Mann in einem grauen Anzug.*

*Einblendung:* »MR. K. V. B. LIAR«

MR. VERYBIGLIAR. Es hat einen entscheidenden finanziellen Vorteil, wenn man die Dienste von El Mystico in Anspruch nimmt. Die Kosten für einen Wohnblock, wie zum Beispiel Mystico-Point hier *(zeigt auf einen hohen Wohnblock hinter ihm)*, würden sich normalerweise im Bereich von eineinhalb Millionen Pfund bewegen. So hat er uns fünf Pfund gekostet, und dreißig Shilling für Janet.

OFF-SPRECHER. Die Frage, die sich aufdrängt, ist: sind die Häuser sicher?

*Schnitt ins Büro eines Architekten. Der Architekt an seinem Schreibtisch. An der Wand hinter ihm sieht man gerahmte Fotos von eingestürzten Gebäuden. Er ist ein gutgekleideter, herrischer Mann.*

*Einblendung:* »MR. CLEMENT ONAN, ARCHITEKT FÜR SOZIALEN WOHNUNGSBAU«

ARCHITEKT. Natürlich sind sie sicher. Darüber gibt es absolut keinen Zweifel. Sie sind genauso stabil, solide und sicher wie Gebäude jeder anderen Baumethode in diesem Land ... vorausgesetzt natürlich, die Leute *glauben* daran.

*Schnitt in eine der Wohnungen. An der Wand hängt ein Bild von El Mystico.*

MIETER. Ja, wir haben von der Gemeinde eine Nachricht bekommen, in der steht, daß dieses Gebäude einstürzen wird, wenn wir aufhören, daran zu glauben.

OFF-SPRECHER. Macht es Ihnen nichts aus, in einem Phantasieprodukt zu wohnen?

MIETER. Nein, es ist viel besser als dort, wo wir früher gewohnt haben.

OFF-SPRECHER. Wo haben Sie denn früher gewohnt?

MIETER. Wir hatten eine 18-Zimmer-Villa mit Sicht über Nizza.

OFF-SPRECHER. Wirklich? Das war aber doch viel besser!

MIETER. Oh, ja, ja, Sie haben recht.

*Schnitt: Archivaufnahme eines einstürzenden Wohnblocks in Zeitlupe.*

*Schnitt zurück zum Mieter und seiner Frau im Haus. Die Kamera wackelt und steht schief.*

MIETER. Nein, nein, natürlich nicht!

*Wieder Schnitt zur Archivaufnahme. Das Gebäude richtet sich wieder auf.*

*Schnitt zurück ins Innere des Hauses. Die Kamera steht leicht geneigt. Sie halten Teile von zerbrochenem Geschirr usw. in der Hand.*

MIETER. Puh, das war knapp.

DONALD BARTHELME

## Sie wollten mehr Struktur damals

Sie wollten mehr Struktur damals, also brachten wir ein paar große, rauhe Zehnerbalken hinten aus dem Schuppen und schraubten sie mit Schienenbolzen fest. Diese neue Stadt, sagten sie, würde vortrefflich werden, sie würde Architekten zum Stottern bringen und Handelskammern in Flammen aufgehen lassen. Wir würden unsere eigenen Medizinmänner haben und neue Götter in Hülle und Fülle und standortspezifische Sünden und Humuhumunukunukuapuaa in den öffentlichen Aquarien. Wir Arbeiter hörten mit offenem Munde zu. So etwas hatten wir noch nie gehört. Aber wir vertrauten auf unseren Instinkt und unsere Lohntüten, und so schufteten wir weiter, schleppten bunt ummantelten Stahl aus dem hinteren Schuppen und anodisiertes Aluminium aus dem nächsten.

Oh du strahlende Stadt! sagten wir uns, wie wir uns danach sehnen, daß du gebaut wirst! Es herrschte Demokratie am Arbeitsplatz, und der Bauleiter (der in Finnland Wiwi Lönn kennengelernt hatte) trug ein Käppi mit einer kleinen Feder, sehr fesch. Die Frage des Durchhaltens stellte sich gar nicht (obwohl wir bemerkt hatten, daß unsere Ausweise eine andere Farbe hatten als ihre); der Einsatz unseres ganzen Könnens und die Verheißung der Stadt waren uns genug. Beim Licht des Mondes überprüften wir die Zahl unserer Meißel und erzählten Geschichten von anderen architektonischen Meisterleistungen, an denen wir beteiligt gewesen waren: Babel, Chandigarh, Brasilia, Taliesin.

Jeden Morgen bei Sonnenaufgang einen Achtmeilen-Lauf, um uns fit zu halten für die unglaublichen Taten, die vor uns lagen.

Das riesige Wasserwerk, mit rotem Lego verkleidet, an der Stelle, wo der neue Fluß angelegt werden soll ...

Einzelne Stadtgebiete, so sagten sie uns, waren dazu bestimmt, zu verrotten, nicht genutzt und allmählich wieder offenes Land zu werden. Vielleicht, so sagten sie, würden eines Tages Rehkitze auf den zerbröckelnden

Ziegelsteinen umherspringen. Wir waren etwas skeptisch, was diesen Teil des Planes betraf, aber es war immerhin ein Plan; die leidenschaftliche Vollkommenheit der Einzelheiten beeindruckte jeden von uns, und wenn man bei den Gehegen mit den Rehkitzen stand, die jene Rehkitze begatten würden, die vielleicht eines Tages auf den zerbröckelnden Ziegelsteinen herumspringen würden, konnte man nicht umhin zu bemerken, wie einem die Brust in antizipatorischem Stolz anschwoll.

Wenn wir hoch oben in der Luft auf einem Fassadenrücksprung arbeiteten, vor uns die sich abwechselnden Streifen von grauen und rosa Steinen und den Abschluß aus grauen Glasplatten, dann befeuchteten wir uns die Stirnen mit den Hemdzipfeln, die wir in eine angenehme Salzlauge getaucht hatten, zündeten immer neue Zigarren an und sahen die neue Stadt ausgebreitet vor uns liegen in der Form des Wortes FASTIGIUM. Dies war nicht der Name der Stadt, sagten sie uns, nur eine Anordnung von Buchstaben, die um der Eleganz der Schriftzeichen willen ausgewählt worden war. Das kleine tote Mädchen hinter den Rosenbüschen erwachte wieder zum Leben, und der leidenschaftliche Aufbau ging weiter.

# Reisen und Fortkommen

Von allen erstaunlichen Feststellungen de
Selbys kann es, glaube ich, keine mit seiner
Behauptung »Eine Reise ist eine Halluzina-
tion« aufnehmen.

Flann O'Brien, *Der dritte Polizist*

FRANZ KAFKA

## Die Nachteile großer Reiche

Ein Reiter ritt auf einem Waldweg, vor ihm lief ein
Hund. Hinter ihm kamen ein paar Gänse, ein kleines
Mädchen trieb sie mit einer Gerte vor sich her. Trotzdem
alle vom Hund vorn bis zu dem kleinen Mädchen hinten
so schnell als möglich vorwärtseilten, war es doch nicht
sehr schnell, jeder hielt leicht mit den andern Schritt.
Übrigens liefen auch die Waldbäume zu beiden Seiten
mit, irgendwie widerwillig, müde, diese alten Bäume.
An das Mädchen schloß sich ein junger Athlet, ein
Schwimmer, er schwamm mit kräftigen Stößen, den
Kopf tief im Wasser, denn Wasser war wellenschlagend
rings um ihn, und wie er schwamm, so floß das Wasser
mit, dann kam ein Tischler, der einen Tisch abzuliefern
hatte, er trug ihn auf dem Rücken, die zwei vordern
Tischbeine hielt er mit den Händen fest, ihm folgte der
Kurier des Zaren, er war unglücklich wegen der vielen
Menschen, die er hier im Wald getroffen hatte, immer-

fort streckte er den Hals und sah nach, wie vorn die Lage war und warum alles so widerwärtig langsam ging, aber er mußte sich bescheiden, den Tischler vor sich hätte er wohl überholen können, aber wie wäre er durch das Wasser gekommen, das den Schwimmer umgab. Hinter dem Kurier kam merkwürdigerweise der Zar selbst, ein noch junger Mann mit blondem Spitzbart und zartem, aber rundlichen Gesicht, das sich des Lebens freute. Hier zeigten sich die Nachteile so großer Reiche, der Zar kannte seinen Kurier, der Kurier seinen Zaren nicht, der Zar war auf einem kleinen Erholungsspaziergang und kam nicht weniger schnell vorwärts als sein Kurier, er hätte also die Post auch selbst besorgen können.

JEAN PAUL

## Das Selbststreitroß

Noch eine Geschichte sei genug, um zu beweisen, wie lächerlich gerade die ernsthafteste Vorsicht bei allem innern Mute oft außen dem Pöbel erscheint. Reiter kennen die Gefahren auf einem durchgehenden Pferde längst. Mein Unstern wollte, daß ich in Wien auf ein Mietpferd zu sitzen kam, das zwar ein schöner Honigschimmel war, aber alt und hartmäulig wie der Satan, so daß die Bestie in der nächsten Gasse mit mir durchging, und zwar – leider bloß im *Schritte*. Kein Halten, kein Lenken schlug an; ich tat endlich auf dem Selbststreitroß Notschuß nach Notschuß und schrie: »Haltet auf, ihr Leute, um Gottes Willen aufgehalten, mein Gaul geht durch!«

Aber da die einfältigen Menschen das Pferd so langsam gehen sahen wie den Reichshofrats-Prozeß und den ordinären Postwagen: so konnten sie sich durchaus nicht in die Sache finden, bis ich in heftigster Bewegung wie besessen schrie: »haltet doch auf, ihr Pinsel und Pensel, seht ihr denn nicht, daß ich die Mähre nicht mehr halten kann?« Jetzt kam den Faulpelzen ein hartmäuliges, schrittlings ausziehendes Pferd lächerlich vor – halb Wien bekam ich dadurch wie einen Bartstern-Schwanz hinter meinen Roß-Schweif und Zopf nach – Fürst Kaunitz, sonst der beste Reiter des Jahrhunderts (des vorigen), hielt an, um mir zu folgen – ich selber saß und schwamm als aufrechtes Treib-Eis auf dem Honigschimmel, der in einem fort Schritt für Schritt durchging – ein vieleckiger rockschößiger Briefträger gab rechts und links seine Briefe in den Stockwerken ab und kam mir stets mit satirischen Gesichtszügen wieder nach, weil der Schimmel zu langsam auszog – der Schwanzschleuderer (bekanntlich der Mann, der mit einer zweispännigen Wassertonne über die Straßen fährt und sie mit einem drei Ellen langen Schlauch aus einem blechernen Trichter benetzt) fuhr den Hinterbacken meines Pferdes nach und feuchtete während seiner Pflicht jene und mich selber kühlend an, ob ich gleich kalten Schweiß genug hatte, um keines frischern zu bedürfen – ich geriet auf meinem höllischen trojanischen Pferd (nur war *ich* selber das untergehende Troja, das ritt) nach Matzleinsdorf (einer Wiener Vorstadt), oder warens für meine gepeinigten Sinne ganz andere Gassen. – Endlich mußte ich abends spät nach dem Retraiteschuß des Praters im letztern zu meinem Abscheu und gegen alle Polizeigesetze auf dem gesetzlosen Honigschimmel noch herum reiten, und ich hätte vielleicht gar auf ihm übernachtet, wenn nicht mein Schwager, der Dragoner, mich gesehen und noch fest auf dem durchgegangenen Gaule gefunden hätte. Er machte keine Umstände – fing das Vieh – tat die lustige Frage: warum ich nicht voltigiert hätte, ob er gleich recht gut weiß, daß dazu ein hölzerner Gaul ge- hört, der steht – und holte mich herab – und so kamen alle berittene Wesen unberitten und unbeschädigt nach Hause.

Aber nun endlich einmal an meine Reise!

GOTTFRIED AUGUST BÜRGER

## Russische Reisegeschichte

Ich mußte, weil mein Litauer in der Türkei geblieben war, mit der Post reisen. Als sich's nun fügte, daß wir an einen engen hohlen Weg zwischen hohen Dornhecken kamen, so erinnerte ich den Postillion, mit seinem Horne ein Zeichen zu geben, damit wir uns in diesem engen Passe nicht etwa gegen ein anderes entgegenkom- mendes Fuhrwerk festfahren mochten. Mein Kerl setzte an, und blies aus Leibeskräften in das Horn, aber alle seine Bemühungen waren umsonst. Nicht ein einziger Ton kam heraus, welches uns ganz unerklärlich, ja in der Tat für ein rechtes Unglück zu achten war, indem bald eine andere uns entgegenkommende Kutsche auf uns stieß, vor welcher nun schlechterdings nicht vorbeizu- kommen war. Nichtsdestoweniger sprang ich aus meinem Wagen, und spannte zuvörderst die Pferde aus. Hierauf nahm ich den Wagen, nebst den vier Rädern und allen Päckereien auf meine Schultern, und sprang damit über Ufer und Hecke, ungefähr neun Fuß hoch, welches in Rücksicht auf die Schwere der Kutsche eben keine Kleinigkeit war, auf das Feld hinüber. Durch einen andern Rücksprung gelangte ich, die fremde Kutsche vorüber, wieder in den Weg. Darauf eilte ich zurück zu unsern Pferden, nahm unter jeden Arm eins, und holte sie auf die vorige Art, nämlich durch einen zweimaligen Sprung hinüber und herüber, gleichfalls herbei, ließ wieder anspannen, und gelangte glücklich am Ende der Station zur Herberge. Noch hätte ich anführen sollen, daß eins von den Pferden, welches sehr mutig und nicht über vier Jahr' alt war, ziemlichen Unfug machen wollte. Denn als ich meinen zweiten Sprung über die Hecke tat, so verriet es durch sein Schnauben und Trampeln ein großes Mißbehagen an dieser heftigen Bewegung. Dies verwehrte ich ihm aber gar bald, indem ich seine Hinterbeine in meine Rocktasche steckte. In der Herberge erholten wir uns wieder von unserm Abenteuer. Der Postillion hängte sein Horn an einen Nagel beim Küchenfeuer, und ich setzte mich ihm gegenüber.

Nun hört, Ihr Herren, was geschah! Auf einmal ging's: *Tereng! Tereng! teng! teng!* Wir machten große Augen und fanden nun auf einmal die Ursache aus, warum der Postillion sein Horn nicht hatte blasen können. Die Töne waren in dem Horne festgefroren und kamen nun, so wie sie nach und nach auftaueten, hell und klar, zu nicht geringer Ehre des Fuhrmanns heraus. Denn die ehrliche Haut unterhielt uns nun eine ziemliche Zeit lang mit der herrlichsten Modulation, ohne den Mund an das Horn zu bringen. Da hörten wir den preußischen

Marsch – Ohne Lieb' und ohne Wein – Als ich auf meiner Bleiche – Gestern abend war Vetter Michel da – nebst noch vielen andern Stückchen, auch sogar das Abendlied: Nun ruhen alle Wälder – Mit diesem letzten endigte sich denn dieser Tauspaß, so wie ich hiermit meine russische Reisegeschichte.

IRMTRAUD MORGNER

## Der Golf von Siam

Auf dem Lokfriedhof stellten sich Besucher ein. Zuerst beobachteten sie aus voller Deckung, später standen sie frei herum, jedoch in einiger Entfernung, dann umschlichen sie Hulda, betasteten verschiedene Teile, räsonierten. Schließlich schleppten sie heran, wovon sie vermuteten, ich könnte es gebrauchen. Ich rüstete meinen Zug mit auswechselbaren Tiefladerchassis und Spezialpontons aus. Kurz vor Reisebeginn räumte ich alle noch im Keller verbliebenen Werte in den mir zur Verfügung gestellten Materialwagen, wodurch die für den zweiachsigen Wagentyp zulässige Höchstbelastung, besonders wegen der reichlichen Ersatzteillieferungen der Schlosserlehrlinge, etwas überschritten wurde. Der Wohnwagen war mit zwei doppelstöckigen Betten aus meinen Bodenbeständen, Klapptisch, drei Schemeln, Kanonenofen, Kleiderhaken und einem Gazeschrank zur Unterbringung von Proviant möbliert. Hinter einem Verschlag stand eine gefüllte Kartoffelhorde. Den Abtritt hatte ich im angebauten Bremserhäuschen installiert. Der Tender, ein uraltes preußisches Modell, faßte nur zehn Kubikmeter Wasser und drei Tonnen Kohle, nicht viel mehr als Hulda. Nach Heizern suchte ich lange und heuerte schließlich einen Rente beziehenden Fleischergesellen und einen gelernten Bäcker gleichen Alters an. Unter Anteilnahme der gesamten nicht diensttuenden Belegschaft des Bahnbetriebswerks hob ein Hilfszug Maschine, Tender und Wagen von den Achsen auf die umgebauten Tiefladerchassis. Zum Abschied sang der Eisenbahnergesangverein vierstimmig »Ist denn kein Stuhl da, Stuhl da, Stuhl da, für meine Hulda rampam«. Dann gab ich Zp 1, drückte den Regler nach links, und der Zug rollte langsam aus dem Lokfriedhof, die Schlakkenhalde hinunter, über die Felder geradewegs in den Wald hinein.

Jenseits des Waldes erreichten wir eine Chaussee, später die Autobahn, auf Straßen verschiedener Ordnung fuhren wir so schnell, wie der Zweikuppler gestattete. Hulda war nämlich ein Zweikuppler. Ohne nennenswerte Reparaturen erreichten wir den Golf von Siam. Wir hielten in einer idyllischen Bucht und beobachteten die Spiele der Katzen. Sie schwammen Kopf an Kopf, Katzenköpfe, so weit das Auge reichte, wodurch der Eindruck entstand, als hätte der Golf ein schwarzbraunes Fell. Wir genossen das Schauspiel bis Mittag. Dann trug Eugen gepfefferte Kartoffelsuppe auf, wir leerten den Topf, Alois säuberte ihn mit Meerwasser und Sand, und wir setzten unsere Fahrt fort. Sieben Tage später, als wir ein fruchtbares Tal durchfuhren, in dem der Achtungspfiff meiner Maschine Hulda hallte und widerhallte, verfinsterte sich plötzlich der Himmel, eine schwarzbraune Wolke trieb heran und entlud sich mit

Während allerdings die meisten Touristen ganz zufrieden damit waren, mit dem Familienwagen durch die Riesenmammutbäume zu fahren, machte Gladys es nach »Art der Mortons«.

*Glen Baxter*

schrecklichem Getöse über dem Tal. Eugen fluchte, Alois betete. Ich hielt unser Ende für gekommen und schloß die Fensterläden des Wohnwagens. Drei Katzen durchschlugen das Wohnwagendach. Als das Unwetter vorüber war und wir mit zitternden Händen die Fensterläden wieder öffneten, sahen unsere ungläubigen Augen, daß die Maschine Hulda mit Beulen davongekommen war. Das Dach des Materialwagens lag in Trümmern. Die umliegenden Zitrusplantagen waren verwüstet. Auf den bewässerten Reisfeldern schwammen Siamkatzen Kopf an Kopf, wodurch der Eindruck entstand, als hätte die Talsohle ein schwarzbraunes Fell. Ahnungsvoll legte Eugen sofort ein großes Feuer unter dem Kessel. Als wir genügend Dampf zur Abfahrt hatten, waren unsere Wurst- und Fleischvorräte jedoch von den Katzen längst aufgefressen und die Ordnung der gespeicherten Werte im Materialwagen von Tausenden von Klauen zunichte gemacht. Wir brauchten bei Abfahrt mehr Dampf als für einen Schwerlastzug, sobald die Katzen jedoch nichts Freßbares mehr fanden, sprangen sie ab, erleichtert traten wir die Heimreise an. Eugen zog den drei Katzen, die das Wagendach durchschlagen hatten, die Felle ab, wir trockneten sie, sammelten unterwegs, außerhalb vom Einflußbereich des siamesischen Monsuns, noch andere Werte und kehrten notdürftig repariert und reich beladen in die Heimat zurück. Ich trug die Werte in meinen Keller, ordnete sie von Zeit zu Zeit neu, reparierte Schlösser in und außer Haus, besuchte die Veranstaltung des Veteranenklubs, hörte Weltnachrichten, freute mich meiner Familie und vergaß, was ich in der Fremde an Mühsal und Beschwerden erduldet hatte. Jeden Sonnabend aß ich gewürzte Kartoffelsuppe und trank Korn. Und mein Reichtum erlaubte, daß dieser Zustand dauerte.

# Meine Nordpolexpedition

Über den Forschungsunternehmungen der großen Völker vergißt man gern eine österreichische Tat: meine Nordpolexpedition im vorigen Jahr.

Ich war am 3. April von Kap Tscheljuskin aufgebrochen. Leider viel zu spät, wie sich zeigte. Meine Reise hatte sich verzögert, weil bei dem Tiefstand des österreichischen Kredits das Zehrgeld so schwer aufzubringen war. Ich mußte einen halbwegs günstigen Stand der Züricher Börse abwarten und geriet so in den Polarwinter, der, genau wie der Winter in den Alpen, schon Anfang Mai einzusetzen pflegt.

Dem Elend meiner Heimat entsprechend, war meine Ausrüstung recht ärmlich. Unser Fahrzeug war ein kleines altes Holzschiff »Inseparabiliter ac indivisibiliter«, anderthalb Tonnen, das vorher jahrelang der Grammat-Neusiedler Papierfabrik zum Einweichen von Wolllumpen gedient hatte. An Nahrung führten wir einige hundert Gulaschkonserven mit, aus früheren Heerbeständen, und eine Kiste Zichorienkaffee. Doch alle Mängel der Ausrüstung wurden behoben durch den eisernen Willen von vierundzwanzig Österreichern des Mittelstandes, das Banner unsrer ruhmreichen Republik auf den Nordpol zu pflanzen. Von Hause her Hunger gewohnt, durch den Frost unheizbarer Wiener Winter abgehärtet, freuten wir, ja, freuten wir uns auf die Entbehrungen, die uns bevorstanden – für uns sollte die Nordpolreise im Vergleich zur Heimat eine komfortable Erholung werden.

Im nördlichsten Hafen, Uperniwik in Grönland, heißten wir einige Hunde an Bord, die uns mitleidige Eskimos, nachdem ich ihnen den Zustand Österreichs geschildert hatte, feuchten Auges schenkten. Gerührt nahmen wir Abschied von den letzten menschlichen Wesen, um hinaus in die trostlose und doch so kristallhelle Einsamkeit zu segeln.

Ich kann den Hergang der Expedition einstweilen nur kurz schildern; eine ausführliche Darstellung bleibt meinem Hauptwerk (bei Brockhaus, Leipzig) vorbehalten.

Von meinen zweiundzwanzig Leuten gaben elf das Unternehmen schon nach zwei Tagen als zu fad auf. Die übrigen neun verlangten bald ihre Pensionierung. Ungebrochenen Mutes setzte ich die Forschungsreise mit dem mir verbliebenen einzigen Gefährten fort, dem Hauptmann-Rechnungsführer a. D. Alois Prantl.

Weihnachten feierten wir schon im Packeis. Es hatte unser Bootchen eingeschlossen und trieb uns unaufhaltsam nach Norden. Stummergeben mußten wir uns der Gewalt der Elemente überlassen, ohnmächtig, in ihr Walten einzugreifen.

In diesen Monaten ewiger Nacht war unser wahres Labsal die Bordbücherei, bestehend aus einer Nummer des »Wiener Neuigkeits-Weltblattes«, die unser hoher Protektor (Graf) Lamezan uns vor der Ausreise gespendet hatte. Immer wieder lasen Prantl und ich einander mit erstickter Stimme den Leitartikel vor. Bald konnten wir ihn auswendig und nahmen uns sozusagen das Wort aus dem Munde, indem der eine von uns den vom anderen begonnenen Satz zu Ende sprach, oder beide den Text (er handelte von der Einrichtung einer gemischtsprachigen Bezirksbehörde zu Hohenau) im Chor aufsagten. Unsre Gedanken weilten bei unserm lieben Wien

– dem alten Steffel auf dem Stephansplatz, den süßen Maderln; und wenn uns die Phantasie einen saftigen Kruspelspitz vorzauberte mit einem Glase frischen Pils, da blickten wir einander in die Augen, Prantl und ich, und stimmten eine tiefempfundene Weise an zum Lobe unsrer Kaiserstadt.

Der furchtbarste Tag war der Faschingsdienstag. Die Stürme der Arktis und Antarktis schienen sich Rendezvous bei uns gegeben zu haben zu einer grauenvollen Française und tanzten rund um unser Schiffchen die vierte Tour. Das Eis türmte sich zu Bergen, preßte unser Fahrzeug ein, und wir mußten es verlassen.

Tags darauf schlug uns ein zweites Unglück und bewies uns, daß selbst in unsrer verzweifelten Lage noch eine Steigerung der Schrecknisse möglich war: ein Windstoß entriß uns unser Boot samt allen Instrumenten.

Nun, unsern Instrumenten, bestehend aus der nautischen Uhr und dem Thermometer, brauchten wir nicht nachzutrauern, da wir einerseits die kostbare Uhr schon in Hamburg auf das Leihamt gebracht hatten, andrerseits das Thermometer zerbrochen gewesen und wir auch ohne meteorologische Ablesung merkten, daß es ziemlich kalt war. Doch mit den Instrumenten war uns auch Kozenns Atlas für die Mittelstufe der österreichischen Bürgerschulen, Auflage 1880, Halbleinen, verlorengegangen, so daß wir nun in der Eiswüste ohne Orientierung blieben.

Als die Zichorienkiste verzehrt war, aßen wir unter Tränenströmen unsre treuesten Genossen, die Hunde. Noch hatten wir anfangs zwei Zwiebeln und etwas Paprika. Doch der Paprika ging zu Ende, und nun vermochte selbst Prantls hervorragende Kochkunst uns kein abwechslungsreiches Menü mehr zu zaubern. Den letzten Hund mußten wir als Pichelsteiner Fleisch zubereiten.

Wir gingen dem 21. März entgegen, wo wieder die Sonne aufgehen sollte. O Schreck, sie ging nicht auf. Ein Strahl des Nordlichts beleuchtete die hoffnungslose Szene.

Ich sagte schon, wir hatten Instrumente und Karten eingebüßt. Daher merkten wir nicht, daß uns das Packeis über den Nordpol hinausgebracht hatte, in jene absolute Wüstenei, wo es keine Meridiane und Breitengrade mehr gibt. Der Kompaß, den Prantl noch von seiner aktiven Dienstzeit her an seiner Militärbluse hängen hatte, drehte sich planlos.

Dazu die unbeschreiblichen Entbehrungen. Eine einzige Dose Tapetenkleister, die Prantls Tante ihm zum Glück beim Abschied aus Wien als eisernen Vorrat zugesteckt hatte, sie schmierten wir auf das trockene Brot.

Einmal war es mir fast schon gelungen, einen Seehund mit einem dargebotenen Bissen anzulocken; da erblickte er unsre Flagge, rümpfte die Nase, schüttelte sarkastisch-lächelnd den Kopf und kehrte um.

Prantl wurde in diesen Nöten irrsinnig. Er forderte stürmisch, von mir zum Bezirksvorstand von Hohenau ernannt zu werden, mit der gleitenden Lohnskala der Wiener Trambahnführer. Angesichts der Knappheit der österreichischen Staatsmittel konnte ich sein wahnwitziges Verlangen nicht erfüllen – und er proklamierte den Generalstreik der Bundesangestellten.

So hatte sich auch der letzte Begleiter von mir getrennt – ich stand allein; ohne Proviant, ohne Schlafstätte, ja, ohne Legitimationsdokumente – allein in der Öde der Polarnacht.

Hier war es, wo der Himmel ein Wunder an mir wirkte:

Ich hörte am 14. April, 7 Uhr morgens, einen fernen Ton in der eisstarrenden Einsamkeit. Zuerst glaube ich an eine Elendshalluzination. Doch nein, es sind menschliche Laute.

Laute, die näherkommen. Erregt horche ich – und nehme im nächsten Augenblick eine große, vermummte Gestalt aus; sie tappt im Dunkel daher, beugt sich alsbald zu mir nieder und redet mich in einer fremden Sprache an.

Man weiß aus den Berichten der Blätter, daß es die Gouvernante Fräulein Gertrud Bräsig war, die da, auf einem Spaziergang mit ihren zwei schutzbefohlenen Kinderchen begriffen, mich in der Stunde der äußersten Erschöpfung auflas.

Sie labte mich und brachte mich zu ihrer Herrschaft, in eine Pfarre nach Rostock.

Ich war geborgen und feierte noch am selben Abend bei dampfendem Punsch meine glückliche Errettung.

– – – Habe ich auch viele Qualen durchmachen müssen, so tröstet mich die Fülle des wissenschaftlichen Materials, das ich von meiner Expedition heimbringe. Es steht in nichts hinter den Ergebnissen andrer, großartiger, reichausgestatteter Polarfahrten zurück. Man weiß dank meiner Forschungen, daß die Temperatur nach dem Pol zu bedeutend abnimmt – und eine Abart des Eisflohs, die ich entdeckt habe, wird in aller Zukunft meinen Namen tragen.

## Die wunderbare Reise im Karton

Statt etwas Nützliches zu tun, also beispielsweise Polizeiberichte zu tippen oder die Zeit anzusagen, rutschen Schlork und Thümler in ihrem Karton lautstark den Flur entlang. In dem Karton haben sie es recht komfortabel, denn sie sind ausgestattet mit Trinkbarem, einem alten Lexikon und einem batteriebetriebenen Radiorecorder samt einer Cassette, so daß sie entweder den belebten Äther oder konservierte Vogelstimmen – letztere mit Gleichlaufschwankungen – abhören können. Weiter verfügen sie über Sitzkissen und Wolldecken, Füller und Papier, eine Taschenlampe mit Batterien und ein Mützchen für jeden von ihnen. Besonders stolz sind Schlork und Thümler auf ihre Vorräte an Eßbarem: Die Alu-Brotdose ist prall gefüllt, dem Seesack entquellen Bananen, Schokoladetafeln, Kartoffelchipstüten und Müsliriegel.

Also jagen sie ohne Furcht auf und davon. Gläser voll, Käsebrote in Händen – so sitzen sie bemützt beim Konservengezwitscher der einheimischen Singvögel bequem unter ihren Wolldecken und blättern erregt im Lexikon. Einen Augenblick lang überlegen sie, ob sie es aus Bewunderung abschreiben oder neu illustrieren sollen. Schlork und Thümler schließen die Augen und klappen das Lexikon zu. Die Cassette ist zu Ende. Thümler schaltet um auf Kurzwellenempfang: Wunderbares kommt ihnen zu Gehör. Aus siedenden, zischenden Garküchen in fernen, fremden Weltgegenden sprechen mal näselnde, mal brüllende Köche in babylonischen

Zungen zu ihnen, belehren die reisenden Hörer womöglich über exotische Gaumenfreuden oder die korrekte Handhabung von Besteck. In den Kesseln, die wahrscheinlich auf langen, chromblitzenden Herden stehen, singt und klingt es: Arien, Schlagerchöre, Janitscharenmusik. Schlork und Thümler horchen zur Vorsicht an ihren Käsebroten: Alles still und in Ordnung.

Über Ultrakurzwelle wird ein Vortrag über Pfarrerstöchter gesendet, und spontan begeistern sich die Reisenden für Pfarrhäuser.

»Ja, Pfarrhäuser!« rufen sie aus.

Ach, sie haben Pfarrhäuser gesehen in ihrem Leben, das ist wahr. Thümler erzählt von seiner Jugend im Pfarrhaus, Schlork erzählt von seiner. Sofort wollen sie ein Pfarrhaus aufsuchen. Die Pfarrerstöchter, so beschließen sie, wollen sie aber Pfarrerstöchter sein lassen und sich gar nicht um sie kümmern.

Bei der Ankunft in dem Pfarrhaus, das sie kurz darauf erreichen, vernehmen Schlork und Thümler aufatmend, die Pfarrerstöchter seien allesamt beim Rundfunk, wo sie allmählich alt würden. Die Haushälterin schiebt die beiden in ihrem Karton ans Kaminfeuer und sagt, sie wolle den Herrn Pfarrer gleich holen, nötigenfalls mitten aus der Predigt. Davon sind die Besucher beeindruckt. Kaum haben sie begonnen, den halbdunklen Raum mit scheuen Blicken zu erforschen – der Kamin ist elisabethanisch, und überall sind Schaukelpferde und Strohkränze –, da spricht Schlork die Befürchtung aus:

»Der Pfarrer kommt mit Blaulicht und schmeißt uns raus.«

»Du spinnst«, antwortet Thümler.

Da kommt der Pfarrer mit Blaulicht und schmeißt sie raus.

»Tableau!« ruft Schlork, was veraltet ist und soviel heißt wie: »Da haben wir den Salat!«

Aus dem Lautsprecher des Radiorecorders dräut ganz schwierige Musik vom Minderheitensender. Sie drehen die Cassette um und hören erst mal wieder Vogelstimmen. Die Gläser werden in einem fort gefüllt und geleert.

Auf wunderbare Weise verstehen sie plötzlich die Sprache der einheimischen Singvögel. Es kann allerdings sein, daß sie, ohne es wahrzunehmen, die Vogelstimmencassette zu Ende gehört und einen Rundfunksender eingestellt haben. Jetzt läßt sich das nicht mehr überprüfen, denn sie trauen im mittlerweile eingetretenen Zustand ihren Augen genausowenig wie ihren Ohren. Von einem Mann ist jedenfalls die Rede, der von seiner Mutter zum Schreiben unerträglicher Schauergeschichten getrieben worden sein soll. Nie habe er je eine Frau berührt, und nie habe er sich dem Tageslicht ausgesetzt, sondern dieses verschlafen oder mittels herabgelassener Jalousien ausgesperrt. Kränklich habe er zeitlebens gewirkt; zuletzt sei er durch und durch von Krebs zerfressen gewesen. Das finden Schlork und Thümler interessant und notieren sich seine Adresse. Mit dem Karton sind sie im Nu da und klingeln. Die Mutter des toten Schriftstellers öffnet. Sie sieht die beiden mit ihren Mützchen und roten Augen im Karton sitzen – im nächsten Augenblick hat sie die Tür wieder zugeschlagen. So erfahren sie nichts. Sie müssen schon zu Lebzeiten des lichtscheuen Mannes eintreffen, und zwar am besten, wenn seine Mutter gerade beim Treffen des Mütterkreises ist. Jawohl, es gelingt, diesmal öffnet er selbst die Tür: »Meine Mutter ist nicht da.«

Wortlos halten sie ihm die verführerische Kartoffelchipstüte hin. Er fährt bis zum Ellbogen hinein und lächelt sie an. Essen mag er nichts vom Inhalt der Tüte, aber er vertraut Schlork und Thümler, bittet sie gar in sein dunkles Zimmer. Dort steigt der blasse Jüngling zu ihnen in den Karton – instinktiv fürchtet Schlork um die Proviantbestände. Doch dies erweist sich als unbegründet. Selbst einen ihm von Thümler angebotenen Müsliriegel lehnt der Dichter dankend ab. Was will er denn? »Hoffentlich will er jetzt nicht Vater-Mutter-Kind spielen«, denkt Schlork. Nach wie vor traut er seinen Ohren nicht, aber ihm ist, als berichte der Schriftsteller von einer »tibetanischen Totensuppe«, die seine Mutter immer für ihn koche.

Genau in diesem Augenblick wird die Wohnungstür aufgeschlossen, und die Mutter kommt im Eilschritt herein. Sie erblickt die Besucher und schimpft:

»Schon wieder die mit ihren Mützchen!«

Der junge Dichter versucht, sich hinter dem Proviantbeutel zu verbergen, verläßt aber, da dies mißlingt, kreischend den Karton. Vorgeschichtlich, ja außerirdisch ist der nun folgende Wutausbruch der Mutter.

In ihrer Angst rutschen Schlork und Thümler hastig aus dem unheilvollen Haus, bevor sie noch mit einem Abtrockentuch erschlagen werden.

Essend und trinkend rasen sie dahin, die Augen mühsam offenhaltend, der Bedienung des Radiorecorders nicht mehr mächtig. Schließlich schlafen sie ein. Der Karton findet von allein nach Hause.

# Von Spielen und Regeln

>»Was weißt du, was hier üblich ist!«
>Eugen Egner, *Als der Weihnachtsmann*
>*eine Frau war*

LEWIS CARROLL

## Das Croquet-Feld der Königin

»Macht, daß ihr an eure Plätze kommt!« donnerte die Königin, und Alle fingen an in allen Richtungen durcheinander zu laufen, wobei sie Einer über den Andern stolperten; jedoch nach ein bis zwei Minuten waren sie in Ordnung, und das Spiel fing an.

Alice dachte bei sich, ein so merkwürdiges Croquet-Feld habe sie in ihrem Leben nicht gesehen; es war voller Erhöhungen und Furchen, die Kugeln waren lebendige Igel, und die Schlägel lebendige Flamingos, und die Soldaten mußten sich umbiegen und auf Händen und Füßen stehen, um die Bogen zu bilden.

Die Hauptschwierigkeit, die Alice zuerst fand, war, den Flamingo zu handhaben; sie konnte zwar ziemlich bequem seinen Körper unter ihrem Arme festhalten, so daß die Füße herunterhingen, aber wenn sie eben seinen Hals schön ausgestreckt hatte, und dem Igel nun einen Schlag mit seinem Kopf geben wollte, so richtete er sich auf und sah ihr mit einem so verdutzten Ausdruck in's

Gesicht, daß sie sich nicht enthalten konnte laut zu lachen. Wenn sie nun seinen Kopf herunter gebogen hatte und eben wieder anfangen wollte zu spielen, so fand sie zu ihrem großen Verdruß, daß der Igel sich auf-gerollt hatte und eben fortkroch; außerdem war ge-wöhnlich eine Erhöhung oder eine Furche gerade da im Wege, wo sie den Igel hinrollen wollte, und da die um-gebogenen Soldaten fortwährend aufstanden und an eine andere Stelle des Grasplatzes gingen, so kam Alice bald zu der Überzeugung, daß es wirklich ein sehr schweres Spiel sei.

Die Spieler spielten Alle zugleich, ohne zu warten, bis sie an der Reihe waren; dabei stritten sie sich immerfort und zankten um die Igel, und in sehr kurzer Zeit war die Königin in der heftigsten Wuth, stampfte mit den Füßen und schrie: »Schlagt ihm den Kopf ab!« oder: »Schlagt ihr den Kopf ab!« ungefähr ein Mal jede Minute.

FRANZ KAFKA

## Ein Weltrekord

»Der große Schwimmer! Der große Schwimmer!« riefen die Leute. Ich kam von der Olympiade in Antwerpen, wo ich einen Weltrekord im Schwimmen erkämpft hatte. Ich stand auf der Freitreppe des Bahnhofes meiner Hei-matstadt – wo ist sie? – und blickte auf die in der Abenddämmerung undeutliche Menge. Ein Mädchen, dem ich flüchtig über die Wange strich, hängte mir flink eine Schärpe um, auf der in einer fremden Sprache stand: Dem olympischen Sieger. Ein Automobil fuhr vor, einige Herren drängten mich hinein, zwei Herren fuhren auch mit, der Bürgermeister und noch jemand. Gleich waren wir in einem Festsaal, von der Galerie herab sang ein Chor als ich eintrat, alle Gäste, es waren Hunderte, erhoben sich und riefen im Takt einen Spruch, den ich nicht genau verstand. Links von mir saß ein Minister, ich weiß nicht, warum mich das Wort bei der Vorstellung so erschreckte, ich maß ihn wild mit den Blicken, besann mich aber bald, rechts saß die Frau des Bürgermeisters, eine üppige Dame, alles an ihr, besonders in der Höhe der Brüste, erschien mir voll Rosen und Straußfedern. Mir gegenüber saß ein dicker Mann mit auffallend weißem Gesicht, seinen Namen hatte ich bei der Vorstellung überhört, er hatte die Ellbogen auf den Tisch gelegt – es war ihm besonders viel Platz gemacht worden – sah vor sich hin und schwieg, rechts und links von ihm saßen zwei schöne blonde Mädchen, lustig waren sie, immerfort hatten sie etwas zu erzählen und ich sah von einer zur andern. Weiterhin konnte ich trotz der reichen Beleuchtung die Gäste nicht scharf erkennen, vielleicht weil alles in Bewegung war, die Diener umherliefen, die Speisen gereicht, die Gläser gehoben wurden, vielleicht war alles sogar allzusehr beleuchtet. Auch war eine gewisse Unordnung – die einzige übrigens – die darin bestand, daß einige Gäste, besonders Damen, mit dem Rücken zum Tisch gekehrt saßen, und zwar so, daß nicht etwa die Rückenlehne des Sessels dazwischen war, sondern der Rücken den Tisch fast berührte. Ich machte die Mädchen mir gegenüber darauf aufmerksam, aber während sie sonst so gesprächig waren, sagten sie diesmal nichts, sondern lächelten mich nur mit langen Blicken an. Auf ein Glockenzeichen – die Diener erstarrten zwischen den Sitzreihen – erhob sich der Dicke gegenüber und hielt eine Rede. Warum nur der Mann so traurig war! Während der Rede betupfte er mit dem Taschentuch das Gesicht; das wäre ja hingegangen; bei seiner Dicke, der Hitze im Saal, der Anstrengung des Redens wäre das verständlich gewesen, aber ich merkte deutlich, daß das Ganze nur eine List war, die verbergen sollte, daß er sich die Tränen aus den Augen wischte. Dabei blickte er immerfort mich an, aber so als sähe er nicht mich, sondern mein offenes Grab. Nachdem er geendet hatte, stand natürlich ich auf und hielt auch eine Rede. Es drängte mich geradezu zu sprechen, denn manches schien mir hier und wahrscheinlich auch anderswo der öffentlichen und offenen Aufklärung bedürftig, darum begann ich:

Geehrte Festgäste! Ich habe zugegebenermaßen einen Weltrekord, wenn Sie mich aber fragen würden, wie ich ihn erreicht habe, könnte ich Ihnen nicht befriedigend antworten. Eigentlich kann ich nämlich gar nicht schwimmen. Seit jeher wollte ich es lernen, aber es hat sich keine Gelegenheit dazu gefunden. Wie kam es nun aber, daß ich von meinem Vaterland zur Olympiade geschickt wurde? Das ist eben auch die Frage, die mich beschäftigt. Zunächst muß ich feststellen, daß ich hier nicht in meinem Vaterland bin und trotz großer Anstrengung kein Wort von dem verstehe, was hier gesprochen wird. Das Naheliegendste wäre nun, an eine Verwechslung zu glauben, es liegt aber keine Verwechslung vor, ich habe den Rekord, bin in meine Heimat gefahren, heiße so wie Sie mich nennen, bis dahin stimmt alles, von da ab aber stimmt nichts mehr, ich bin nicht in meiner Heimat, ich kenne und verstehe Sie nicht. Nun aber noch etwas, was nicht genau, aber doch irgendwie der Möglichkeit einer

Verwechslung widerspricht: es stört mich nicht sehr, daß ich Sie nicht verstehe, und auch Sie scheint es nicht sehr zu stören, daß Sie mich nicht verstehen. Von der Rede meines geehrten Herrn Vorredners glaube ich nur zu wissen, daß sie trostlos traurig war, aber dieses Wissen genügt mir nicht nur, es ist mir sogar noch zuviel. Und ähnlich verhält es sich mit allen Gesprächen, die ich seit meiner Ankunft hier geführt habe. Doch kehren wir zu meinem Weltrekord zurück.

WOODY ALLEN

## Pantomime!!!

Am Abend der Vorstellung platzten wir zwei beiden – ich in meiner Opernmantille und Lars mit seinem Eimer – voll Zuversicht aus unserem Taxi, strömten ins Theater und drängten uns auf unsere Plätze, wo ich mir das Programm genau ansah und mit einer gewissen Nervosität erfuhr, daß die erste Nummer eine kleine stumme Lustbarkeit mit dem Titel »Ein Picknick« sein sollte. Es ging los, als ein dürres Männchen mit mehlweißem Make-up und in engem schwarzen Trikot auf die Bühne kam. Die übliche Picknickkleidung – ich habe sie selber letztes Jahr bei einem Picknick im Central Park getragen, und außer bei ein paar jugendlichen Provos, die das als Vorwand werteten, meine tollen Kurven zur Schau zu stellen, ging sie unbemerkt unter. Der Mime machte sich jetzt daran, eine Picknickdecke auszubreiten, und sofort ging's wieder mit meiner alten Verwirrung los. Entweder breitete er eine Picknickdecke aus oder melkte eine kleine Ziege. Darauf zog er sich umständlich seine Schuhe aus, wenn man davon absieht, daß ich absolut nicht sicher bin, daß es seine Schuhe waren, weil er einen trank und den anderen mit der Post nach Pittsburgh schickte. Ich sage »Pittsburgh«, aber in Wirklichkeit ist es schwer, den Begriff Pittsburgh zu mimen, und wenn ich mir es recht überlege, glaube ich jetzt, daß das, was er mimte, ganz und gar nicht Pittsburgh war, sondern ein Mann, der mit seiner Golfkarre durch eine Drehtür fahren wollte – oder möglicherweise zwei Männer, die eine Druckpresse auseinandernahmen. Wieso das zu einem Picknick gehörte, kapier' ich nicht. Der Pantomime begann dann, eine unsichtbare Sammlung rechteckiger Gegenstände zu sortieren, die zweifellos schwer waren, wie eine komplette Reihe der *Encyclopedia Britannica*, von denen ich den Verdacht hatte, er hole sie aus seinem Picknickkorb raus, obwohl sie nach der Art, wie er sie hielt, auch das Budapester Streichquartett hätten sein können, schön gebunden und geknebelt.

Zugleich bemerkte ich, daß ich zur Überraschung der Leute, die in meiner Nähe saßen, wie üblich versuchte, dem Mimen die Einzelheiten seiner Darbietung klären zu helfen, indem ich laut riet, was er gerade tat. »Kissen . . . großes Kissen. Polster? *Sieht aus* wie ein Polster . . .« Diese wohlmeinende Teilnahme bringt den wahren Liebhaber des stummen Theaters oft aus der Fassung, und ich habe bei solchen Gelegenheiten bei den Umsitzenden eine Neigung bemerkt, Unbehagen in verschiedener Form auszudrücken, das geht von einem bedeutungsvollen Räuspern bis zu einem Löwenprankenhieb auf den Hinterkopf, den ich einmal von einem Mitglied

des Hausfrauen-Theatervereins aus Manhasset einstek-
ken mußte. Bei dieser Gelegenheit jetzt klatschte mir
eine würdige Dame, die wie Oscar Wilde aussah, ihre
Lorgnette wie eine Reitpeitsche über die Fingerknöchel
und warnte mich: »Komm zu dir, Junge!« Dann wis-
perte sie mir in der geduldig-langsamen Art von Leuten,
die mit einem bombengeschädigten Infanteristen reden,
leise ins Ohr, daß der Mime es jetzt spaßhaft mit den
verschiedenen Dingen zu tun habe, die üblicherweise
den Picknickteilnehmer in Verlegenheit brächten –
Ameisen, Regen und der vergessene Korkenzieher, der
immer für einen Lacher gut ist. Vorübergehend aufge-
klärt, schüttelte ich mich vor Lachen, als ich mir den
Mann vorstellte, dem das Fehlen eines Korkenziehers
Kummer macht, und staunte über die grenzenlosen
Möglichkeiten.

Schließlich fing der Mann an, Glas zu blasen. Entweder blies er Glas, oder er tätowierte die gesamte Studentenschaft der Northwestern University. Es sah wie die
Studentenschaft der Northwestern University aus, aber
es hätte auch ein Männerchor sein können – oder eine
Wärmemaschine – oder jeder große, ausgestorbene Vier-
füßler, oft amphibisch und gewöhnlich pflanzenfres-
send, dessen versteinerte Überreste im Norden bis zur
Arktis gefunden wurden. Unterdessen krümmte sich das
Publikum vor Lachen über die Albernheiten auf der
Bühne. Sogar der dämliche Lars wischte sich die Freu-
dentränen mit seinem Gummiwischer vom Gesicht.
Aber für mich war es hoffnungslos: je mehr ich's versuchte, desto weniger verstand ich. Eine verzagte Mü-
digkeit bemächtigte sich meiner, ich schlüpfte aus meinen Galoschen und gab's auf. Das nächste, was in mein
Bewußtsein drang, waren zwei Putzfrauen, die im Rang

an der Arbeit waren und sich über die Pros und Contras der Schleimbeutelentzündung in den Haaren hatten. Ich kramte beim matten Schein der Theater-Arbeitsbeleuchtung meine Sinne zusammen, zog meinen Schlips gerade und machte mich zu Riker's auf den Weg, wo ein Hamburger und eine Malzschokolade mir im Hinblick auf ihren Sinn überhaupt keine Schwierigkeiten machten, und da warf ich zum ersten Male an diesem Abend die Last meines Schuldbewußtseins von mir. Bis zum heutigen Tage bin ich bildungsmäßig unvollkommen, aber ich arbeite daran. Wenn ihr mal einen Schöngeist bei einer Pantomime schielen, sich winden und mit sich selber reden seht, kommt ruhig näher und sagt Hallo – aber ihr müßt mich frühzeitig in der Vorstellung erwischen: ich werde nicht gerne belästigt, wenn ich mal schlafe.

DANIIL CHARMS

## Der Name

TETERNIK *(kommt herein und begrüßt die Anwesenden)*. Guten Tag! Guten Tag! Guten Tag! Guten Tag!

KAMUŠKOV. Pünktlich sind Sie ja nicht gerade. Wir warten schon ziemlich lange auf Sie.

GREK. Ja, ja, ja. Wir warten schon lange.

LAMPOV. Also sag, warum kommst du so spät?

TETERNIK *(schaut auf die Uhr)*. Komme ich denn zu spät? Ja, übrigens, ja ... Also gut!

KAMUŠKOV. Schön. Ich fahre fort.

GREK. Ja, ja, ja. Wirklich, weiter.

*Alle setzen sich an ihre Plätze und verstummen.*

KAMUŠKOV. Ohne mehrmals von ein und demselben zu reden, will ich sagen: wir müssen einen Namen finden.

GREK *und* LAMPOV. Hört hört!

KAMUŠKOV *(äfft sie nach).* Hört hört! Jawohl, wir müssen einen Namen finden. Grek!

*Grek steht auf.*

KAMUŠKOV. Was hast du für einen Namen gefunden?

GREK. »Nüwürsütät.«

KAMUŠKOV. Der paßt nicht. Überleg doch selbst, was soll das für ein Name sein? Klingt nach nichts, bedeutet nichts, ist dumm. – Wie stehst du eigentlich da? Stell dich hin, wie es sich gehört! – Also, jetzt sag mal: warum hast du diesen dummen Namen vorgeschlagen?

GREK. Ja, ja, ja. Er paßt wirklich nicht.

KAMUŠKOV. Du siehst es selber ein. Hinsetzen. – Leute, wir müssen einen guten Namen finden. Lampov!

*Lampov steht auf.*

KAMUŠKOV. Was schlägst du für einen Namen vor?

LAMPOV. Mein Vorschlag: »Krakowiak«, oder »Studen«, oder »Mein Teuch«. Was? gefällt euch nicht? Na dann: »Der Gipfel von allem«, »Der Glyzerinvater«, »Mörser und Kerze«.

KAMUŠKOV *(winkt ab).* Hinsetzen! Hinsetzen!

## Der Aufruf

In unserem Haus, diesem ungeheuren Vorstadthaus, einer von unzerstörbaren mittelalterlichen Ruinen durchwachsenen Mietskaserne, wurde heute am nebligen eisigen Wintermorgen folgender Aufruf verbreitet:

An alle meine Hausgenossen:

Ich besitze fünf Kindergewehre. Sie hängen in meinem Kasten, an jedem Haken eines. Das erste gehört mir, zu den andern kann sich melden, wer will. Melden sich mehr als vier, so müssen die überzähligen ihre eigenen Gewehre mitbringen und in meinem Kasten deponieren. Denn Einheitlichkeit muß sein, ohne Einheitlichkeit kommen wir nicht vorwärts. Übrigens habe ich nur Gewehre, die zu sonstiger Verwendung ganz unbrauchbar sind, der Mechanismus ist verdorben, der Pfropfen abgerissen, nur die Hähne knacken noch. Es wird also nicht schwer sein, nötigenfalls noch weitere solche Gewehre zu beschaffen. Aber im Grunde sind mir für die erste Zeit auch Leute ohne Gewehre recht. Wir, die wir Gewehre haben, werden im entscheidenden Augenblick die Unbewaffneten in die Mitte nehmen. Eine Kampfesweise, die sich bei den ersten amerikanischen Farmern gegenüber den Indianern bewährt hat, warum sollte sie sich nicht auch hier bewähren, da doch die Verhältnisse ähnlich sind. Man kann also sogar für die Dauer auf die Gewehre verzichten und selbst die fünf Gewehre sind nicht unbedingt nötig, und nur weil sie schon einmal vorhanden sind, sollen sie auch verwendet werden. Wollen sie aber die vier andern nicht tragen, so sollen sie es

Schade, daß Franz Kafka kurzfristig abgesagt hatte. So mußte unser wöchentlicher Skattermin diesmal leider ausfallen.

*Bernd Pfarr*

bleiben lassen. Dann werde also ich allein als Führer eines tragen. Aber wir sollen keinen Führer haben und so werde auch ich mein Gewehr zerbrechen oder weglegen.

Das war der erste Aufruf. In unserem Haus hat man keine Zeit und keine Lust, Aufrufe zu lesen oder gar zu überdenken. Bald schwammen die kleinen Papiere in dem Schmutzstrom, der, vom Dachboden ausgehend, von allen Korridoren genährt, die Treppe hinabspült und dort mit dem Gegenstrom kämpft, der von unten hinaufschwillt. Aber nach einer Woche kam ein zweiter Aufruf:

Hausgenossen!

Es hat sich bisher niemand bei mir gemeldet. Ich war, soweit ich nicht meinen Lebensunterhalt verdienen muß, fortwährend zu Hause und für die Zeit meiner Abwesenheit, während welcher meine Zimmertür stets offen war, lag auf meinem Tisch ein Blatt, auf dem sich jeder, der wollte, einschreiben konnte. Niemand hats getan.

PHILIP K. DICK

# Der Krieg mit den Fnools

Als Captain Lightfoot den Helikopter nach Washington, D.C., zurückflog, sagte eins der gefangenen Fnools: »Wie kommt es, daß wir, ganz gleich, welche Tarnung wir wählen, von euch Terranern immer erkannt werden? Wir sind auf eurem Planeten als Tankstellenpächter, Volkswagen-Werksinspektoren, Schachgroßmeister, Volkstanzgruppen mit originalgetreuen Instrumenten, kleine Regierungsbeamte und jetzt als Immobilienmakler aufgetreten –«

Lightfoot sagte: »Es ist eure Größe.«

»Dieser Begriff bedeutet uns nichts.«

»Ihr seid nur zwei Fuß groß!«

Die beiden Fnools beratschlagten, dann erklärte das andere Fnool geduldig: »Aber Größe ist relativ. In unseren Übergangsformen verkörpern wir sämtliche absoluten Merkmale des Terraners, und der simpelsten Logik zufolge –«

»Paß auf«, sagte Lightfoot, »stell dich neben mich.« Das Fnool in seinem grauen Straßenanzug, die Aktentasche umklammernd, trat mißtrauisch an seine Seite. »Du reichst mir nur bis zum Knie«, erklärte Lightfoot. »Ich bin sechs Fuß groß. Du hast nur ein Drittel meiner Größe. In einer Gruppe von Terranern fallt ihr Fnools auf, wie ein Solei in einem Faß saurer Gurken.«

»Ist das eine volkstümliche Redensart?« fragte das Fnool. »Das notiere ich mir lieber.« Aus seiner Tasche zog es einen winzigen Kugelschreiber, nicht größer als ein Streichholz. »Ei in Saure-Gurken-Faß. Drollig. Ich hoffe, daß einige eurer Sitten und Gebräuche in unseren Museen überdauern werden, wenn wir eure Kultur ausgelöscht haben.«

»Das hoffe ich auch«, sagte Lightfoot, während er sich eine Zigarette anzündete. Das andere Fnool sagte nachdenklich: »Ich frage mich, ob es für uns eine Möglichkeit gibt, größer zu werden. Wird dieses rassische Geheimnis im Volksbrauchtum überliefert?« Das Fnool bemerkte die Zigarette, die zwischen Lightfoots Lippen steckte, und sagte: »Erreicht ihr so eure unnatürliche Größe?

74

Durch Verbrennen dieses Stäbchens aus gepreßten, getrockneten Pflanzenfasern und Inhalieren des Rauchs?«

»Ja«, sagte Lightfoot und gab die Zigarette dem zwei Fuß großen Fnool. »Das ist unser Geheimnis. Zigarettenrauchen macht groß. Wir lassen unseren ganzen Nachwuchs rauchen, besonders die Teenager. Jeden, der jung ist.«

»Ich werde es selbst versuchen«, sagte das Fnool zu seinem Kameraden. Es steckte die Zigarette zwischen die Lippen und nahm einen tiefen Zug.

Lightfoot blinzelte. Denn das Fnool war jetzt vier Fuß groß, und sein Kamerad folgte sofort seinem Beispiel; beide Fnools waren doppelt so groß wie vorher. Das Rauchen der Zigarette hatte die Fnools um sagenhafte zwei Fuß vergrößert.

»Vielen Dank«, sagte der vier Fuß große Immobilienmakler mit nun viel dunklerer Stimme zu Lightfoot. »Wir machen rasante Fortschritte, oder nicht?«

Nervös sagte Lightfoot: »Gib die Zigarette wieder her.«


E. T. A. HOFFMANN


## Optischer Zweikampf

Sowie Leuwenhoek seinen Feind Swammerdamm erblickte, riß er sich los mit der höchsten Anstrengung seiner letzten Kräfte, sprang zurück und stemmte sich mit dem Rücken gegen die Türe des verhängnisvollen Zimmers wo die Schöne gefangen saß.

Swammerdamm zog dies gewahrend ein kleines Fernglas aus der Tasche, schob es lang aus und ging dem Feinde zu Leibe indem er laut rief: »Zieh Verdammter, wenn du Courage hast!«

Schnell hatte Leuwenhoek ein ähnliches Instrument in der Hand, schob es ebenfalls auseinander und schrie: »Nur heran, ich stehe dir, bald sollst du meine Macht fühlen!« – Beide setzten nun die Ferngläser ans Auge und fielen grimmig gegeneinander aus mit scharfen mörderischen Streichen, indem sie ihre Waffen durch Aus- und Einschieben bald verlängerten bald verkürzten. Da gab es Finten, Paraden, Volten, kurz alle nur möglichen Fechterkünste und immer mehr schienen sich die Gemüter zu erhitzen. Wurde einer getroffen, so schrie er laut auf, sprang in die Höhe, machte die wunderlichsten Kapriolen, die schönsten Entrechats, Pirouetten, wie der beste Solotänzer von der Pariser Bühne, bis der andere ihn mit dem verkürzten Fernglase fest fixierte. Geschah diesem nun gleiches so machte er es ebenso. So wechselten sie mit den ausgelassensten Sprüngen, mit den tollsten Gebärden, mit dem wütendsten Geschrei; der Schweiß troff ihnen von der Stirne herab, die blutroten Augen traten ihnen zum Kopfe heraus und da man nur ihr wechselseitiges Anblicken durch die Ferngläser, sonst aber keine Ursache ihres Veitstanzes gewahrte so mußte man sie für Rasende halten, die dem Irrenhause entsprungen. – Die Sache war übrigens ganz artig anzusehen. –

# Die erste unrechte Handlung

Die erste unrechte Handlung des Babies bestand darin, Seiten aus ihren Büchern herauszureißen. Als Erziehungsmaßnahme mußte sie deshalb jedesmal, wenn sie eine Seite aus einem Buch herausgerissen hatte, vier Stunden bei verschlossener Tür allein in ihrem Zimmer bleiben. Anfangs riß sie ungefähr eine Seite pro Tag heraus, und die Maßregelung funktionierte recht gut, obwohl das Weinen und Schreien hinter der verschlossenen Tür nervenaufreibend war. Wir kamen zu dem Schluß, daß dies der Preis war, den wir zu zahlen hatten, oder zumindest Teil des Preises, den wir zu zahlen hatten. Aber als sie dann stärker zupacken konnte, schaffte sie es, zwei Seiten auf einmal herauszureißen, was acht Stunden in ihrem Zimmer hinter verschlossener Tür bedeutete und den Ärger für alle Beteiligten verdoppelte. Aber sie wollte und wollte nicht damit aufhören. Und später gab es dann Tage, an denen sie drei oder vier Seiten herausriß, was sie bis zu sechzehn Stunden hintereinander in ihr Zimmer verbannte, ihre üblichen Essenszeiten durcheinanderbrachte und meine Frau beunruhigte. Aber ich dachte, wenn man schon eine Verhaltensregel aufstellt, dann muß man sich auch daran halten, muß man konsequent sein, denn sonst kommen sie noch auf falsche Gedanken. Sie war zu der Zeit ungefähr vierzehn oder fünfzehn Monate alt. Natürlich schlief sie oft nach etwa einer Stunde Schreien ein, welch ein Segen! Ihr Zimmer war sehr hübsch, sie hatte ein Schaukelpferd aus Holz und fast hundert Puppen und Plüschtiere. Wenn man seine Zeit zu nutzen verstand, konnte man in diesem Zimmer eine Menge machen, puzzeln oder sonstwas. Leider bemerkten wir manchmal, wenn wir die Tür aufmachten, daß sie inzwischen noch mehr Seiten aus noch mehr Büchern herausgerissen hatte, und diese Seiten mußten dann der Fairneß halber dazugezählt werden.

Das Baby hieß Born Dancin'. Wir gaben dem Baby etwas von unserem Wein, dem roten, dem weißen und dem blauen, und wir führten ernsthafte Gespräche mit ihr. Aber es half nichts.

Ich muß schon sagen, sie wurde richtig clever. Da ging man auf sie zu, wenn sie gerade auf dem Fußboden spielte und einmal nicht in ihrem eigenen Zimmer war, und neben ihr lag ein geöffnetes Buch, und man überprüfte das Buch, und es sah absolut okay aus. Und dann schaute man genauer hin und sah, daß an einer Seite eine kleine Ecke herausgerissen war, was leicht als normaler Verschleiß hätte angesehen werden können, aber ich wußte, was sie getan hatte, sie hatte diese kleine Ecke abgerissen und verschluckt. Also mußte man es mitzählen und zählte es mit. Sie tun alles, um einen reinzulegen. Meine Frau sagte, daß wir vielleicht ein bißchen zu streng wären und daß das Baby abnähme. Aber ich wies sie darauf hin, daß das Baby noch ein langes Leben vor sich habe, in dieser Welt mit anderen Menschen zusammenleben müsse, in dieser Welt, in der es viele, viele Regeln gebe und daß man bei Nichtbeachtung dieser Regeln ins Abseits gestoßen, gemieden und geächtet werde, ein Mensch ohne Charakter. Die längste Zeit, die wir das Baby hintereinander in seinem Zimmer einsperrten, betrug achtundachtzig Stunden, und sie endete damit, daß meine Frau mit einem Brecheisen die Tür aus den Angeln hob, obwohl uns das Baby noch zwölf Stunden schuldete, da es gerade fünfundzwanzig Seiten abbüßte. Ich hängte die Tür wieder ein und brachte ein großes Schloß an, das man nur mit einer Magnetkarte öffnen konnte, und nahm die Karte an mich.

Aber es wurde nicht besser. Das Baby kam aus seinem Zimmer wie eine Fledermaus aus der Hölle, rannte auf das nächste Buch los, *Goodnight Moon* oder so etwas, und fing an, die Seiten packenweise herauszureißen. Das heißt, innerhalb von zehn Sekunden lagen vierunddreißig Seiten von *Goodnight Moon* auf dem Fußboden. Den Einband nicht mitgezählt. Ich fing an, mir doch ein bißchen Sorgen zu machen. Als ich ihr Stundensoll zusammenzählte, war mir klar, daß sie nicht vor 1992 aus ihrem Zimmer herauskommen würde, wenn überhaupt. Sie sah auch schon ganz kränklich aus. Sie war seit Wochen nicht mehr im Park gewesen. Wir befanden uns mehr oder weniger in einer moralischen Krise.

Ich löste sie, indem ich erklärte, daß es in Ordnung wäre, Seiten aus Büchern herauszureißen und daß es außerdem auch in Ordnung wäre, Seiten aus Büchern herausgerissen zu haben. Das ist einer der beruhigenden Aspekte der Kindererziehung – Eltern haben eine Menge möglicher Schachzüge, und jeder ist gleich gut. Das Baby und ich sitzen fröhlich nebeneinander auf dem Fußboden, reißen Seiten aus Büchern heraus, und manchmal gehen wir auf die Straße und zerschmeißen gemeinsam eine Windschutzscheibe, nur so zum Spaß.

# Die Faxen des Seins hienieden

> »Er bekommt *doch* kein Trinkgeld, mein
> Freund«, rief Fabian im Herausgehen dem
> goldgelben Portier zu, und faßte ihm nach
> dem Jabot. Der Portier sagte aber wieder
> nichts als: »Quirr«, und biß abermals den
> Fabian in den Finger.
>
> E. T. A. Hoffmann, *Klein Zaches*

BORIS VIAN

## Die Einweihung der Maschine

Er war trotzdem einige Minuten vor ihnen da, und er
nutzte das aus, um die Maschine nachzusehen. Es blieben noch Dutzende von Elementen im Graben zurück,
und der Motor, von Lazuli sorgfältig überprüft, drehte
sich. Nichts anderes zu tun als zu warten. Er wartete.

Der Boden, leicht, trug noch den Abdruck von Folav-
rils elegantem Körper, und die Nelke, die sie zwischen
den Lippen gehalten hatte, lag da, schäumend und ge-
zackt, durch tausend unsichtbare Bande schon der Erde
verbunden, weiße Spinnenfäden. Wolf bückte sich, um
sie aufzuheben, und der Geschmack der Nelke über-
raschte und betäubte ihn. Er verfehlte sie. Die Nelke er-
losch, und ihre Farbe verschmolz mit der des Bodens.
Wolf lächelte. Wenn er sie da liegen ließe, würden die
Stadträte sie zertreten. Seine Hand irrte über den Boden
und stieß auf den dürren Stiel. Als sie sich gepackt

fühlte, bekam die Nelke wieder ihre natürliche Farbe. Vorsichtig brach Wolf eine der knotigen Beulen ab und steckte sie an seinen Kragen. Er atmete sie ein, ohne den Kopf zu neigen.

Hinter der Mauer des Karrees gab es ein unbestimmbares Musikgeräusch, das Geschmetter bretonischer Dudelsäcke und laute, dumpfe Schläge von Pauken; dann stürzte unter dem Druck des städtischen Mauereinbrechers, gesteuert von einem bärtigen Amtsdiener im schwarzen Frack mit Goldkette, ein Stück der Backsteinwand ein. Durch die Einbruchstelle kamen die ersten Vertreter der Menge herein, die sich respektvoll auf beiden Seiten aufstellten. Die Musik erschien bauschig und volltönend, Töff, Töff und Tsching. Die Chorsänger würden loskreischen, sobald sie in Stimmweite wären. Ein grün angestrichener Tambour-Major marschierte voraus, wobei er eine Zwergtrappe hin und her bewegte, mit der er ohne Hoffnung die Sonne anzielte. Er machte ein großes Zeichen, gefolgt von einem doppelten Salto mortale, und die Chorsänger begannen mit der Hymne:

> Der Bürgermeister selbst
> Und Töff und Töff und Tsching
> Aus dieser schönen Stadt
> Und Töff und Töff und Tsching
> Kommt heut zu Ihnen her
> Und Töff und Töff und Tsching
> Um Sie ganz schlicht zu fragen
> Und Töff und Töff und Tsching
> Ob Sie die Absicht haben
> Und Töff und Töff und Tsching
> All Ihre alten Steuern

Und Töff und Töff und Tsching
In Kürze zu bezahlen
Und Töff und Töff und Tsching und
Tsching und Tikotikoto.

Das Tikotikoto wurde erzeugt durch das Aufeinander-
prallen von Metallstücken in Form einer Kokosnuß auf
einen Titito, der sie teilweise angestoßen hatte. Das
ganze bildete einen sehr alten Marsch, der ein wenig ins
Blaue hinein gespielt wurde, denn seit langem schon be-
zahlte niemand mehr seine Steuern; doch man konnte
die Musikkapelle nicht daran hindern, die einzige Melodie zu spielen, die sie kannte.

Der Bürgermeister tauchte hinter der Musik auf, sein
Hörrohr in der Hand haltend, in das er eine Socke zu
stopfen sich bemühte, um diesen furchtbaren Krach
nicht zu hören. Seine Frau, eine sehr dicke, ganz rote
und ganz nackte Person, zeigte sich dann auf einem Wagen, mit einer Reklametafel für den größten Käsehändler der Stadt, der eine Menge Geschichten über die
Stadtverwaltung wußte und sie zwang, allen seinen Lau-
nen nachzugeben.

Sie hatte dicke Brüste, die ihr wegen der schlechten
Federung des Wagens, aber auch, weil der Sohn des Kä-
sehändlers Pflastersteine unter die Räder legte, auf den
Bauch klatschten.

Hinter dem Wagen des Käsehändlers kam der des
Haushaltswarenhändlers, der nicht wie sein Rivale mit
politischer Unterstützung rechnen konnte und sich mit
einem großen, prächtigen Tragebett begnügen mußte, in
dem das Rosenmädchen sich von einem dicken Affen
kampfunfähig machen ließ. Die Miete für den Affen war
sehr hoch, und das Ergebnis war gar nicht so toll, da das

Rosenmädchen seit zehn Minuten ohnmächtig war und nicht mehr schrie; während die Frau des Bürgermeisters gerade violett wurde und immerhin viele sehr schlecht gekämmte Haare hatte.

Dann kam der Wagen des Baby-Händlers, angetrieben von einer Batterie Düsenschnuller; ein Babychor skandierte ein altes Trinklied.

Damit hörte der Zug auf, denn die Züge amüsieren niemanden; und der vierte Wagen, auf dem sich die Sargverkäufer niedergelassen hatten, war kurz zuvor ausgefallen, weil der Fahrer gestorben war, ohne die Beichte abzulegen.

Wolf, von der Blaskapelle halb betäubt, sah die Offiziellen auf sich zukommen, eingerahmt von den Männern der Wache, die mit großen, heimtückischen Flinten bewaffnet waren. Er empfing sie wie er mußte, und währenddessen errichteten Spezialisten innerhalb weniger Minuten ein kleines Holzpodium mit Stufen, auf dem der Bürgermeister und die Unterbürgermeister Platz nahmen, während die Bürgermeisterin weiterhin auf ihrem Wagen herumtobte. Der Käsehändler nahm ihren offiziellen Platz ein.

Es gab einen großen Trommelwirbel, in dessen Verlauf der Pfeifer verrückt wurde und wie eine Rakete in die Luft ging, wobei er sich mit beiden Händen die Ohren zuhielt; alle Augen folgten seiner Bahn und jeder zog den Hals ein, als er, mit dem Kopf voraus und dem Geräusch einer Schnecke, die Selbstmord begeht, wieder herunterfiel. Danach atmete man auf, und der Bürgermeister erhob sich.

Die Blaskapelle war verstummt. Dichter Staub stieg in den vom Rauch der sonntäglichen Drogenzigaretten gebläuten Himmel, und es roch nach Menge, bei all den

Füßen, die dieses Wort impliziert. Einige Eltern hatten sich von dem Flehen ihrer Kinder rühren lassen und sie auf ihre Schultern gesetzt, doch sie hielten sie mit dem Arsch nach oben und dem Kopf nach unten, um sie nicht allzu sehr in ihrer Neigung zur Gafferei zu bestärken.

Der Bürgermeister hüstelte in sein Hörrohr und ergriff das Wort am Hals, um es zu erwürgen, doch es hielt stand.

»Meine Herren«, sagte er, »und liebe Geschaftlhuber. Ich werde nicht auf die Feierlichkeit dieses Tages zurückkommen, der nicht reiner ist als der Grund meines Herzens, denn Sie wissen genauso gut wie ich, daß zum ersten Mal, seit eine stabile und unabhängige Demokratie an die Macht gekommen ist, zweideutige politische Machenschaften und gemeine Demagogie, die die vergangenen Jahrzehnte mit Verdächtigungen befleckt haben, hm, Teufel, verdammt schwer zu lesen, dieses Hurenpapier, der Text ist ganz verwischt. Ich möchte noch hinzufügen, daß, wenn ich Ihnen alles sagen würde, was ich weiß, und vor allem über diesen anderen Lügenbold, der behauptet, Käsehändler zu sein . . .«

Die Menge klatschte laut Beifall, und der Händler stand nun ebenfalls auf. Er begann das Original eines großzügigen Schmiergeldes zu verlesen, das dem Stadtrat auf Empfehlung des größten Sklavenhändlers gewährt worden war. Die Blaskapelle setzte ein, um seine Stimme zu übertönen, und die Frau des Bürgermeisters, die ihren Mann durch eine Ablenkung retten wollte, verdoppelte ihre Aktivität. Wolf zeigte ein unbestimmtes Lächeln. Er hörte überhaupt nicht zu. Er war anderswo.

»Mit grämlicher Freude«, fuhr der Bürgermeister fort, »sind wir stolz, heute die bemerkenswerte, von unserem hier anwesenden großen Geschaftlhuber Wolf ersonnene

Lösung begrüßen zu dürfen, die dazu bestimmt ist, die Schwierigkeiten, die aus einer Überproduktion von Metall zur Herstellung von Maschinen resultieren, völlig zu eliminieren. Und da ich Ihnen nicht mehr darüber sagen kann, da ich persönlich, wie es üblich ist, überhaupt nicht weiß, worum es da eigentlich geht, in Anbetracht dessen, daß ich ein Offizieller bin, erteile ich der Blaskapelle das Wort, die ein Stück aus ihrem Repertoire spielen wird.«

Gelenkig versetzte der Tambour-Major dem Mond einen Fußtritt, mit einer halben Tonne dahinter und auf die Sekunde genau, da er den Boden berührte, ließ die Tuba einen Riseneröffnungston los, der anmutig zu flattern begann. Und dann schlängelten sich die Musiker in die Zwischenräume und man erkannte die traditionelle Melodie. Da die Menge zu nahe herankam, gaben die Männer von der Wache eine allgemeine Salve ab, die den größten Teil entmutigte, während die Körper der andern in Fetzen zerfielen.

Innerhalb weniger Sekunden war das Karree leer. Zurück blieb Wolf, der Leichnam des Pfeifers, einige fettige Papiere, ein kleines Stück vom Podium. Die Rücken der Männer von der Wache entfernten sich in Reih und Glied, im Gleichschritt, und verschwanden.

Wolf seufzte. Das Fest war vorbei. Hinter der Mauer des Karrees, ganz dort hinten, erriet man noch das Getöse der Blaskapelle, das sich ruckweise entfernte und immer wieder neu auflebte. Der Motor begleitete die Musik mit seinem unerschöpflichen Schnurren.

## Seltsames Beginnen reisender Gaukler

Alle Vorübergehende blieben stehen, reckten die Hälse lang aus und kuckten durch die Fenster in die Weinstube hinein. Immer dichter wälzte sich der Haufe heran, immer ärger stieß und drängte sich alles durcheinander, immer toller wurde das Gewirre, das Gelächter, das Toben, das Jauchzen. Diesen Rumor verursachten zwei Fremde, die sich in der Weinstube eingefunden, und die, außerdem, daß ihre Gestalt, ihr Anzug, ihr ganzes Wesen etwas ganz Fremdartiges in sich trug, das widerwärtig war und lächerlich zu gleicher Zeit, solche wunderliche Künste trieben, wie man sie noch niemals gesehen hatte. Der eine, ein alter Mensch von abscheulichem schmutzigem Ansehen, war in einen langen sehr engen Überrock von fahlschwarzem glänzendem Zeuge gekleidet. Er wußte sich bald lang und dünn zu machen, bald schrumpfte er zu einem kurzen dicken Kerl zusammen und es war seltsam, daß er sich dabei ringelte wie ein glatter Wurm. Der andere hochfrisiert, im bunten seidnen Rock, ebensolchen Unterkleidern, großen silbernen Schnallen, einem Petit Maitre aus der letzten Hälfte des vorigen Jahrhunderts gleichend, flog dagegen ein Mal über das andere hoch hinauf an die Stubendecke und ließ sich sanft wieder herab, indem er mit heiterer Stimme mißtönende Lieder in gänzlich unbekannter Sprache trällerte.

Nach der Aussage des Wirts waren beide, einer kurz auf den andern als ganz vernünftige bescheidene Leute in die Stube hineingetreten und hatten Wein gefordert. Dann blickten sie sich schärfer und schärfer ins Antlitz und fingen an zu diskurieren. Unerachtet ihre Sprache allen Gästen unverständlich war, so zeigte doch Ton und Gebärde, daß sie in einem Zank begriffen, der immer heftiger wurde.

Plötzlich standen sie in ihre jetzige Gestalt verwandelt da und begannen das tolle Wesen zu treiben, das immer mehr Zuschauer herbeilockte.

»Der Mensch«, rief einer von den Zuschauern, »der Mensch, der so schön auf und nieder fliegt, das ist ja wohl der Uhrmacher Degen aus Wien, der die Flugmaschine erfunden hat und damit ein Mal übers andere aus der Luft hinabpurzelt auf die Nase?« – »Ach nein«, erwiderte ein anderer, »das ist nicht der Vogel Degen. Eher würd ich glauben, es wäre das Schneiderlein aus Sachsenhausen, wüßt ich nicht, daß das arme Ding verbrannt ist.« –

Ich weiß nicht, ob der geneigte Leser die merkwürdige Geschichte von dem Schneiderlein aus Sachsenhausen kennt? – Hier ist sie:

### Geschichte des Schneiderleins aus Sachsenhausen

Es begab sich, daß ein zartes frommes Schneiderlein zu Sachsenhausen, an einem Sonntage gar schön geputzt mit seiner Frau Liebsten aus der Kirche kam. Die Luft war rauh, das Schneiderlein hatte zu Nacht nichts genossen, als ein halbes weichgesottenes Ei und eine Pfeffergurke, morgens aber ein kleines Schälchen Kaffee. Wollte ihm daher flau und erbärmlich zumute werden, weil er überdem in der Kirche gar heftig gesungen, und ihm nach einem Magenschnäpschen gelüsten. War die Woche über fleißig gewesen und auch artig gegen die Frau Liebste, der er von den Stücken Zeug die beim Zuschneiden unter die Bank gefallen, einen proppen Unterrock gefertigt. Frau Liebste bewilligte also freundlich, daß das Schneiderlein in die Apotheke treten und ein erwärmendes Schnäpschen genießen möge. Trat auch wirklich in die Apotheke und forderte dergleichen. Der ungeschickte Lehrbursche, der allein in der Apotheke zurückgeblieben, da der Rezeptarius, das Subjekt, kurz alle übrigen klügeren Leute fortgegangen, vergriff sich und holte eine verschlossene Flasche vom Repositorio herab, in der kein Magenelixier befindlich, wohl aber brennbare Luft, womit die Luftbälle gefüllt werden. Davon schenkte der Lehrbursche ein Gläschen voll; das setzte das Schneiderlein stracks an den Mund und schlürfte die Luft begierig hinunter, als ein angenehmes Labsal. Wurde ihm aber alsbald gar possierlich zumute, war ihm als hätte er ein Paar Flügel an den Achseln oder als spiele jemand mit ihm Fangball. Denn ellenhoch und immer höher mußte er in der Apotheke aufsteigen und niedersinken. »Ei Jemine, Jemine«, rief er, »wie bin ich doch solch ein flinker Tänzer geworden!« – Aber dem Lehrburschen stand das Maul offen vor lauter Verwunderung. Geschah nun, daß jemand die Türe rasch aufriß, so daß das Fenster gegenüber aufsprang. Strömte alsbald ein starker Luftzug durch die Apotheke, erfaßte das Schneiderlein und schnell wie der Wind war es fort durch das offne Fenster in alle Lüfte; niemand hat es wiedergesehen. Begab sich nach mehrerer Zeit, daß die Sachsenhäuser zur Abendzeit hoch in den Lüften eine Feuerkugel erblickten, die mit blendendem Glanz die ganze Gegend erleuchtete und dann verlöschend zur Erde hinabfiel. Wollten alle wissen, was zur Erde gefallen, liefen hin an den Ort, fanden aber nichts als ein kleines Klümpchen Asche; dabei aber den Dorn einer Schuhschnalle, ein Stückchen eiergelben Atlas mit bun-

ten Blumen und ein schwarzes Ding, das beinahe anzusehen war, wie ein Stockknopf von schwarzem Horn.
Haben alle darüber nachgedacht, wie solche Sachen in einer Feuerkugel aus dem Himmel fallen mögen. Da ist
aber die Frau Liebste des entfahrnen Schneiderleins da-
zugekommen und als diese die gefundenen Sachen erblickt, hat sie die Hände gerungen, gar erbärmlich getan
und geschrien: »Ach Jammer, das ist meines Liebsten
Schnallendorn; ach Jammer, das ist meines Liebsten
Sonntagsweste, ach Jammer, das ist meines Liebsten
Stockknopf!« Hat aber ein großer Gelehrter erklärt, der
Stockknopf sei kein Stockknopf, sondern ein Meteorstein oder ein mißratner Weltkörper. Ist nun aber auf
diese Weise den Sachsenhäusern und aller Welt kund
worden, daß das arme Schneiderlein, dem der Apothe-
kerbursche brennbare Luft gegeben statt Magenschnaps,
in den hohen Lüften verbrannt und heruntergesunken
ist zur Erde als Meteorstein oder mißratner Weltkörper.

*Ende der Geschichte von dem Schneiderlein*
*aus Sachsenhausen*

DANIIL CHARMS – FRANZ KAFKA – TATSUMI HIJIKATA

## ›Neue Anatomie‹

Einem kleinen Mädchen wuchsen an der Nase zwei
blaue Bänder. Ein erstaunlicher Fall, denn auf dem einen
Band stand »Mars« geschrieben und auf dem anderen
»Jupiter«.                                   *D. Charms*

Jeder Mensch trägt ein Zimmer in sich. Die Tatsache
kann man sogar durch das Gehör nachprüfen. Wenn
einer schnell geht und man hinhorcht, etwa in der
Nacht, wenn alles ringsherum still ist, so hört man zum
Beispiel das Scheppern eines nicht genug befestigten
Wandspiegels.

*F. Kafka*

Ich lag im Dreck und fühlte mich so elend und armselig,
daß die Worte davor versagten. Der Baumstumpf wollte
vor Mitleid aufschreien, wie ich so dalag als hilflose
Beute. Nun spürte ich, wie dieser Schmerz meinen Körper verließ und im Schlamm eine merkwürdige Gestalt
annahm. Ich saß in der Klemme, und da guckte mich ein

Baby an aus schmalen Augenschlitzen zwischen Schlaf und Wachsein. Ist das mein Körper, der zu seinem Ausgangspunkt zurückgekehrt ist? Plötzlich rollte der Kopf des Babys zu mir her. Das ist natürlich absurd, ich weiß, trotzdem spielte ich mit dem rollenden Kinderkopf im Schlamm.

*T. Hijikata*

Ich bin gewohnt, in allem meinem Kutscher zu vertrauen. Als wir an eine hohe weiße seitwärts und oben sich langsam wölbende Mauer kamen, die Vorwärtsfahrt einstellten, die Mauer entlang fahrend, sie betasteten, sagte schließlich der Kutscher: »Es ist eine Stirn.«

*F. Kafka*

91

*F. W. Bernstein*

Es war einmal ein Mensch.
Er hatte eine Nase.
Er hatte also eine Nase, die aussah wie ein Mund.
Er hatte also eine Nase, die aussah wie ein Mund mit
zwei Ohren.                                    *D. Charms*

Später bin ich in einem Buch auf den Bericht über folgende Phänomene gestoßen: ein Kind, das seine Zehen zu füttern versucht; ein anderes, das seinem Oberschenkel die Landschaft zeigen möchte; wieder ein anderes, das einen Stein im Garten zu heben versucht, um ihn die

Umgebung sehen zu lassen. Ich habe einmal eine
Schöpfkelle heimlich mit ins Feld genommen und dort
zurückgelassen, weil sie mir in ihrer dunklen Küche leid
tat – ich wollte ihr das Land zeigen.                    *T. Hijikata*


Einmal brach ich mir das Bein, es war das schönste Erlebnis meines Lebens.                                    *F. Kafka*


HERMANN HARRY SCHMITZ

## Wie es kompliziert war, bis ich
## in die Sommerfrische kam

Diejenigen, die in der Stadt zurückbleiben mußten,
schämten sich sehr und schlichen scheu und verlegen mit
gesenktem Blick durch die Straßen.

Alles, das etwas war, war in der Sommerfrische.

Mit wachsendem Neid hatte ich gesehen, wie ein Haus
nach dem anderen in meiner Straße die Augen schloß
zum Sommerschlaf: Jalousien, Rolläden, Blenden, Vorhänge wurden geschlossen. Die Eis, Bier, Milch und Ge-
müse abliefernden Männer hielten nicht mehr vor dem
Haus: die Herrschaft war verreist.

Bei Bröselmanns nebenan war auch alles zu. Acht
Tage waren sie weg; im Vorgarten lagen für achtmal
dreißig Pfennig Brötchen. Man hatte vergessen, den
Bäcker abzubestellen. Bröselmanns Bäcker war ein ge-

wissenhafter Mensch. Sechs Wochen wollten die Herrschaften fortbleiben, dann würden sie bei ihrer Rückkehr für zweiundvierzigmal dreißig Pfennig Brötchen vor ihrer Tür vorfinden. Ich sah einmal ein Bild von Wereschtschagin, *Der Krieg*, eine Pyramide menschlicher Schädel. So ähnlich würde es vor Bröselmanns Tür nach sechs Wochen aussehen.

Oder aber Bröselmanns änderten ihren Plan und blieben noch länger aus. Ich grinste innerlich behaglich bei dem Gedanken und sah schon im Geiste die Bröselmannsche Tür vollständig von Brötchen verschüttet. Unentwegt bringt der gewissenhafte Bäcker Tag für Tag für dreißig Pfennig Brötchen. Der Vorgarten liegt voll davon. Die Brötchen kollern auf die Straße. Tag für Tag bringt der Bäcker das einmal bestellte Quantum. Fußhoch liegt das Trottoir voll Brötchen, die Straße füllt sich mählich und mählich mit Brötchen. Meterhoch liegen sie bereits. Wagen bleiben in der Masse stecken, zwei Kinder und ein Foxterrier finden den Tod in ihr. Mutige versuchen, auf Stelzen durch die Brötchen vorzudringen. Tag für Tag bringt der Bäcker für dreißig Pfennig Brötchen. Die Feuerwehr wird alarmiert, die Dampfwalze rückt heran, die städtische Straßenbau-Kommission tritt zusammen.

Die ganze Stadt wird in Brötchen ersticken, begraben werden, ein zweites Pompeji*.

Unsere Lisette hatte es von Bröselmanns Köchin, daß man nach Ostende sei. O–o–ostende! Mich packte die Wut. Ich hatte enormen Zorn. Warum ich nicht? Sommerfrischen pumpen nicht. Man muß unbedingt über

---

* Die Kunst geht nach Brötchen, heißt es bei H. H. Schmitz. Red.

einen Fonds baren Geldes – weiß Gott: baren Geldes verfügen. –

Sinnend, grübelnd trottete ich über die menschen-leeren Straßen. Auf der Schadowstraße sah ich ganz in der Ferne einen Menschen, der bei meinem Nahen schleunigst die Flucht ergriff. – Wie ausgestorben war die Stadt. Ich ging zu Richard Schwelginger, bei dem ich auf Grund seines Erfolges mit der »Prinzessin G'spusi« einiges Vermögen voraussetzte. Freilich: so ganz sicher war ich meiner Sache nicht.

Er saß mit einer Netzjacke bekleidet am Schreibtisch und blickte mir mit tiefsinnig verschleierten Augen ent-gegen. Unter dem Eindruck dieses unerwarteten stum-men Jammers vergaß ich zunächst den Zweck meines Besuches.

»Was ist Euch, greiser Meister?« fragte ich mit jenem Timbre in der Stimme, das aufrichtiges Mitgefühl verrät. »Vielleicht kann ich Euch helfen?«

»Daß ich kontraktlich einen Roman zu schreiben habe«, entgegnete der Dichter dumpf, »ist Ihnen nicht unbekannt, und daß die neuzeitlichen Verleger auf Tem-peraturextreme keine Rücksicht nehmen, darf ich bei Ihnen ebenfalls als bekannt voraussetzen . . . Das Leben ist eins der gemeinsten.«

Meine Kalamität fiel mir ein, ich wollte damit heraus-rücken, da gebot er mir aber Schweigen mit einer Geste, die Napoleons des Ersten würdig gewesen wäre.

»Dies aber nur nebenbei«, fuhr er fort. »Noch drük-kender als Kontrakt und Hitze empfinde ich das Di-lemma –«

»Dilemma –!« warf ich ein, und Hoffnungslosigkeit breitete sich über mein Herz.

»– Dilemma gemischt ästhetischer und ökonomischer

Art, in dem ich mich befinde«, erklärte er, ein Wölklein leichten Unwillens ob meiner Unterbrechung auf der Stirn.

»Für meine körperliche Wohlbeschaffenheit fürchte ich, für meine ebenmäßige Schlankheit. Dieweil ich reich geworden bin, reich wie Nabob, reich wie Krösus. Denn was tut man mit Geld anderes als Delikatessen dafür kaufen? ... Es ist schröcklich.«

Freudiger Schreck war mir in die Beine gefahren, daß ich mich auf die breite Ottomane setzen mußte, die unter der schiefen Dachwand stand.

»Können Sie mir nicht – sagen wir: hundert Mark pumpen –?« platzte ich heraus.

Wie Sonnenschein flogs über sein edles Antlitz, und sofort griff er zu einem blauen Büchlein.

»Wegen hundert Mark schreib' ich gar nicht erst einen Scheck«, sagte er nett, wohlwollend, befriedigt über meine Gefälligkeit. »Sagen wir zweihundert Mark.«

Kritzelte, riß ein Blatt aus dem Büchelchen, reichte es mir und entließ mich mit bedeutend erhobner Stimme:

»Und nun gehen Sie, und verzehren Sie den Mammon in Gesundheit!«


Hoch erhobenen Hauptes mit jenem elastischen Schritt, wie er nach Zeitungsberichten ganz besonders Fürstlichkeiten eigen ist, mit dem Stöckchen Terzen in die Luft schlagend, ein Liedlein vor mich hin trällernd, flanierte ich über die Königsallee. Ich drückte die Brust jedesmal sehr heraus, sobald ich das Knistern der Scheine in der Tasche hörte.

Nun flugs noch verschiedenes, zur Reise Nötiges eingekauft und heidi, dann »saust der Konrad los«. –

Einen Koffer, das heißt einen anständigen, muß man

haben. Weiße Flanellanzüge, zwei Stück, damit man wechseln kann, muß man haben; sie sind kleidsam und in der Hitze angenehm. Gelbe Stiefel muß man haben. Einen Regenkragen, man weiß nie, wie das Wetter wird. Man muß einen Panamahut haben, weil er sich gut zusammenrollen läßt und fast gar keinen Platz im Koffer wegnimmt. Auch ist es gut, wenn man für alle Fälle eine Reiseapotheke mitführt, sie ist ja nicht billig, aber es ist eine nützliche Ausgabe, und man braucht sich, wenn etwas passiert, nachher keine Vorwürfe zu machen.

Eine Hängematte muß man kaufen, obgleich man weiß, daß nirgendwo passende Bäume zu finden sind; sollte man trotzdem das Glück haben, eine Gelegenheit zu ihrer Anbringung zu finden, kommt man doch nicht darin so recht zur Ruhe, da diese teuflischen Dinger stets im entscheidenden Moment umkippen oder reißen. Flanell-Sporthemden muß man haben, die weichen Kragen sind zu angenehm bei der Hitze, und die Troddel vorn am Hals ist so kleidsam.

Zwei Droschken voll Sachen hatte ich eingekauft. Ich war von einem wahnsinnigen Kauftaumel ergriffen, aus dem ich erst wieder zu mir kam, als ich bemerkte, daß mir von meinem schönen, so mühsam erheuchelten Geld noch gerade fünfundachtzig Pfennig übriggeblieben waren.

Ich schrie laut, raufte mir das Haar und den kurz geschnittenen englischen Schnurrbart. Ich trank aus der Reiseapotheke sämtliche Flüssigkeiten. Ich stopfte mir den Mund und die Ohren voll Verbandwatte. Dann zog ich alles, was ich mir gekauft hatte, übereinander an, legte mich in meinen neuen Rohrplattenkoffer und ließ mich bei mir zu Hause auf den Speicher stellen.

Hier stand ich vierzehn Tage, dann erinnerte man sich

meiner; außerdem sollte der Koffer gebraucht werden. Ich hatte nur ganz wenig gelitten, sah fast noch wie neu aus.

So obenhin erzählte man mir, daß der Geldbriefträger jeden Tag nach mir gefragt habe. Man habe mich nicht stören wollen, jetzt komme er nicht mehr, das Geld liege zum Abholen auf der Post bereit.

Ich sprang im Hechtsprung aus dem Koffer und rannte zur Post.

Für heute war es natürlich schon zu spät, die Post war geschlossen, »soeben«, wie man mir sagte. Am anderen Morgen war ich zwei Stunden, bevor die Schalter geöffnet wurden, zur Stelle. Als erster stand ich klopfenden Herzens vor dem Schalter mit der Aufschrift: Post-Anweisungen. Die Scheibe aus dickem, geripptem Glas war noch heruntergelassen, so, jetzt war jemand hinter der Scheibe, der irgend etwas tat und Bücher auf und zu machte. Dann war die Gestalt wieder verschwunden. Ich klopfte bescheiden an das Fenster. Aus dem Nebenschalter guckte jemand heraus und rief, das sei ungehörig, Beamte seien auch Menschen. Ich meinte schüchtern, es sei schon eine Viertelstunde über die Zeit. Man könne nicht mehr wie arbeiten, rief irgendeine Stimme von ganz weit her hinter der Schalterwand.

Durch die Unterhaltung mit dem Beamten in Anspruch genommen, hatte ich nicht Obacht gegeben, und es hatten sich Leute vor mich gedrängt, so daß ich nun am Schluß der langen Reihe von Wartenden stand. Fast alle diese Leute davor hatten lange schmale Bücher in der Hand, in welchen dicke Packen von Post-Anweisungen lagen. Der Schalter öffnete sich, eine Hand griff nach dem ersten Buch, und rasselnd schloß sich die Scheibe wieder.

Der Mann, dem man sein Buch weggenommen hatte, packte furchtbar viel Geld aus und baute es auf einem kleinen Tablett sorgsam auf.

Eine gute Stunde war vergangen. Vier Leute waren abgefertigt. Ich war eben einmal weggegangen, um zu sehen, ob vielleicht an einem der übrigen zwölf Schalter noch die Aufschrift »Post-Anweisungen« angebracht sei; an allen war ein Schild »Geschlossen«. Als ich wieder meinen alten Platz einnehmen wollte, standen fünf neuangekommene Leute vor mir, die nun auch noch vor mir darankamen.

Ich fühlte, wie mein Bart und Haupthaar wuchs, wie meine Kleidung langsam unmodern wurde. Ich hatte mich schon mit dem Gedanken vertraut gemacht, den Rest meiner Tage hier zu verbringen oder nur als Mummelgreis mit langem Turnvater-Jahn-Bart zu meinem Geld zu kommen, als ich mich plötzlich vor dem geöffneten Schalterfenster befand. Ich stammelte mein Begehr, nannte meinen Namen, die Namen meiner sämtlichen Familienangehörigen, die mit dem betreffenden Briefträger gesprochen hatten, gab vor lauter Angst mein Alter an und erging mich in Details. Der Beamte sagte gar nichts weiter als: »Der Folgende«.

Man schob mich unsanft vom Schalter weg und schimpfte hinter mir her. Ich fing an zu weinen.

»Sie müssen zur Hauptpost gehen, nur da werden Postanweisungen ausgezahlt«, beriet mich ein Mann. In glühender Dankbarkeit drückte ich ihm die Hand und stürzte zur Hauptpost.

Für heute war es selbstverständlich wieder zu spät, auch am folgenden Tage konnte man mir das Geld noch nicht auszahlen, da ich die erforderlichen Legitimationen nicht vorweisen konnte, – endlich am nächsten Tag zählte ein gütig aussehender Beamter dreihundert Mark in blanken Zwanzigmarkstücken vor mir auf.

Ich nannte den Beamten vor Freude einen Postdirektor, machte viele hundert Male die Kniebeuge, versuchte an einer Laterne die Fahne zu machen, gab in mancherlei seltsamen Bewegungen meinem Jubel Ausdruck.

Heidi, jetzt kann der Konrad sausen.

Im ersten Taumel hatte ich gar nicht darüber nachgedacht, von wem das Geld kam. Ich schaute nach dem Absender auf dem Abschnitt der Anweisung. Der Name eines alten Bekannten war angegeben; auf der Rückseite stand kurz: »Verzeih', daß ich Dir die mir seiner Zeit geliehene Summe nicht schon früher zurückerstattete«. Ich hatte ihm nie etwas gepumpt. Die Tendenz, überhaupt geliehenes Geld zurückzugeben, ließ mir zur Gewißheit werden, daß mein armer Bekannter von einem schweren Gehirnleiden befallen sein mußte. – –

ALBERT COHEN

Eisenbeißer

Die Freunde waren verblüfft über die Appartements, die der junge Edelmann vom Empfang ihnen zeigte, schokkiert, aber schicksalsergeben. Jeder der Tapferen stellte sich als der legitime Benutzer nicht nur eines Schlafzimmers, sondern auch eines Badezimmers und eines Boudoirs heraus.

Fünf Schlafzimmer, fünf Badezimmer und fünf Boudoirs! Um Himmelswillen, wozu und vor allem, weshalb die Boudoirs? Sie waren nur zu fünft, und man gab ihnen fünfzehn Zimmer, ohne das kleine Vorzimmer eines jeden Appartements zu zählen. Und was für Möbel! Betten englischer Könige, Sultansteppiche und all das übrige! Und konnte man sich nicht hintereinander in einer einzigen Badewanne waschen?

»Und wozu bedarf es überhaupt einer Badewanne?« sagte Eisenbeißer. »Hauptsache ist doch, daß man sich die edlen Teile erfrischt, den Kopf, in dem die Berechnungen und die Essereien stattfinden, und die Hände, die das Kleingeld entgegennehmen und die Nahrungsmittel ihrer Bestimmung zuführen.«

»Wer weiß, wie teuer ihm alle diese Zimmer berechnet werden!« seufzte Saltiel.

»Wir werden die Frage prüfen«, sagte Mattathias. »Erklär zuerst einmal die Sicherheitsmaßnahme für das ungeheuer viele Geld.«

»Er hat mir die dreihundertzweiundsiebzigtausend Francs anvertraut, und sie sind unter meinem Hemd.«

»Du hast die fünfhundert Francs vergessen«, sagte Mattathias.

»In der Tat«, sagte Eisenbeißer streng. »Gib her, damit ich die dreihundertzweiundsiebzigtausendfünfhundert Francs aufbewahre.«

»Nein«, sagte Saltiel.

»Nu, dann wenigstens die fünfhundert Francs.«

»Nein«, sagte Saltiel in zerstreutem Ton.

Er war angsterfüllt. Welch eine Idee, sie sich in französischem Geld auszahlen zu lassen! Und wenn heute nacht eine Geldentwertung stattfand!? Außerdem, was sollte man mit allen diesen Geldscheinen machen? Sie unter die Matratze stecken? Sich den Körper damit tapezieren, auf der bloßen Haut? Er verteilte sie in seinen verschiedenen Taschen. Die Geldscheine waren in so großer Zahl, daß der Onkel an allen Stellen in anderen Umständen zu sein schien. Schwanger, mit einem Wort. Kurz danach zog er die Geldscheine heraus, um sie zu zählen, bat Michael, die Taschen zuzunähen, die bald wieder aufgetrennt werden mußten, damit man nachsehen konnte, ob gewisse Geldscheine nicht falsch waren.

»Und habt ihr auch bemerkt, wie er sie in die Hose gesteckt hat, ohne hinzuschauen, wahllos?«

»Als ob es eine Eisenbahnfahrkarte sei!«

»Ich«, sagte Mattathias, »sehe immer darauf, eine Eisenbahnfahrkarte tief in die Tasche zu stecken, und ich tue noch mehrere Taschentücher drauf.«

Das Klingeln des Telefons ließ Saltiel zusammenzucken. Ein Unglück! Sol war sicherlich krank! Vielleicht eine Blinddarmentzündung?

»Ja, mein Sohn, was ist? Soll ich kommen? Michael kann in die Apotheke gehen!«

Aber diese Ängste erwiesen sich als unnötig. Solal wollte seinen Onkel fragen, ob ihm die Zimmer gefielen.

»Sehr schön, mein Liebling, außer diese Boudoirs, von denen mir ganz übel wird. Trotzdem, Gott sei gelobt. Hör zu, die Sachen sind immer noch da. Hm, du verstehst nicht? Ich spreche von den dreihundertzweiundsiebzig Francs und fünfzig Centimes. (Er hielt es für unnötig, die Telefonistin, die vielleicht gerade spionierte, auf dem laufenden zu halten.) Es ist zwar ein kleiner Betrag, aber du kannst beruhigt sein. Wir sind alle drum herum.«

Solal mußte in diesem Augenblick einen schrecklichen Satz gesagt haben, denn der feine weiße Haarschopf Saltiels richtete sich auf seinem Schädel auf.

»Du bist wohl verrückt! Ich soll ihnen dein ganzes Geld geben? Niemals, Sol, niemals!«

Eisenbeißer, vor dem Telefon kniend, riß sich zahlreiche Haare aus, faltete die Hände und flehte Saltiel an, endlich mit seinen unheilvollen Ratschlägen aufzuhören. Man schloß einen Vergleich ab, und Solal erklärte sich bereit, die Hälfte zu behalten. Die Tapferen teilten sich den Rest. Die Freunde rechneten sofort und kritzelten. Mit dem nicht eingelösten Schweizer Scheck ergab das ungefähr eine halbe Million Drachmen für jeden.

Salomon, eine kleine kreischende Kugel, machte auf dem weichen Bett Luftsprünge, und mehrmals stieß er dabei mit dem Kopf an die Decke. Eisenbeißer schlug Purzelbäume und ließ dabei mit ganzer Seele und zu den von Michael geklimperten Mandolinenklängen seine Finger schnalzen. Er drehte sich mit spanischem Schmachten oder vibrierte auf der Stelle mit dem geheimen Lächeln einer Kaiserin oder schien, die Augen mit der Hand beschattend, eine wunderbare Liebe in Augenschein zu nehmen. Gleichmütige Königin, lächelte er, stieß seinen Bauch vor, den er wieder zurücknahm, um mit seinem mageren Hintern mit den fliegenden Rockschößen erregte Reigen zu tanzen. Er geriet außer sich, mit entzücktem Mund. Sein Haar war zerzaust, und sein Adamsapfel hüpfte auf und ab, und von seinem Hals rann schwarzer Schweiß. Er strengte sich bei den Klängen der Mandoline mächtig an, und seine Beine flogen, und sein Bart wehte im Wind des Tanzes. Was Matthias anging, so drehte er sich mit ausgebreiteten Armen langsam um sich selber, mit ernstem Gesicht und geschlossenen Augen. Erschöpft, von Glück durchbohrt, hörte Eisenbeißer plötzlich mit seinem Tanz auf, verlangte die sofortige Aushändigung seines Anteils. Die

Teilung wurde nicht ohne Verwünschungen und Miß-
trauen vollzogen. Schließlich umarmte man sich und
wünschte sich viel Glück und Vermehrung der jeweiligen Teile.

»Kinder meines Herzens, Söhne des Reichtums«,
sagte Eisenbeißer, »gehen wir nicht auseinander, beim
Teufel! Verbringen wir die Nacht bequem im Zimmer
Saltiels! Um uns aber ganz und gar wohl zu fühlen, lassen wir unsere Betten hierher bringen. So werden wir
uns wohl fühlen und über unser Hab und Gut und unsere Größe plaudern.«

»Es ist spät«, sagte Salomon. »Wir können sie nicht
zwingen, vier Betten zu transportieren, zumal diese Betten schwer sind.«

»Ich habe eine halbe Million Drachmen«, antwortete
Eisenbeißer, der lange verschiedenen Dienern klingelte,
denen er so energische Befehle erteilte, daß bald vier
weitere Betten in Reih und Glied im Schlafzimmer standen.

Die Tapferen legten sich ganz angezogen hin, die
Köpfe ruhten auf den Federbetten, die sie für – in Wahrheit sehr unbequeme – Kopfkissen hielten. Der kompe-
tente Eisenbeißer befahl, sie »nach Schweizer Mode«
zweimal zu falten. Dann unterhielten sie sich bis spät in
die Nacht, schmiedeten Pläne und stellten sich verschiedene Möglichkeiten vor, ihre Feinde zu demütigen und
ihre Freunde vor Neid platzen zu lassen. Eisenbeißer
schlief mitten in der Beschreibung seiner Jacht mit dreißig Kabinen ein, wobei die prächtigste dieser Kabinen
für Ihre Britische Majestät reserviert war.

Gegen drei Uhr morgens fuhren sie aus dem Schlaf
auf, da sie Lärm hörten, und machten Licht. Saltiel war
verschwunden! Man hatte Saltiel und den großen Geld-

betrag gestohlen! Geräusch in einem der unbewohnten Appartements! Michael stieß die Tür auf, die andern weit hinter ihm. Eisenbeißer ging am Schluß, und zitternd empfahl er dem schlotternden Salomon, keine Angst zu haben. Im fünften Appartement erblickten sie Saltiel, der mit geschlossenen Augen auf und ab ging.

»Onkel, sind Sie mondsüchtig«, flüsterte Salomon.

Saltiel machte die Augen wieder auf.

»Nein«, sagte er, »ich habe Inventur gemacht, und ich frage mich gerade, wieviel ihn unsere fünf Zimmer mit allen diesen verfluchten Boudoirs wohl kosten. Aber es gelingt mir nicht, die Summe herauszufinden, da ich den Wert der Teppiche nicht kenne.«

Eisenbeißer sagte, daß das ohne Bedeutung sei, da die Appartements vom Vetterngrund – ein neuer eisenbeißerischer Name für den Völkerbund – bezahlt wurden. Aber Saltiel hob plötzlich den Hörer ab. Nachdem eine verschlafene Stimme ihm die Zimmerpreise genannt hatte, antwortete er mit diesen Worten:

»Möge deine Großmutter mit hundertunddrei Jahren ehebrechenderweise niederkommen!«

Der deutsch-schweizerische Portier hatte nur eine unvollkommene Kenntnis der französischen Sprache. Er dankte, und Saltiel legte auf, hob dann den Kaminvorhang hoch in der Hoffnung, Asche zu finden, um sie sich aufs Haupt zu streuen.

»Meine Freunde«, sagte er, »macht euch gefaßt. (Die Freunde machten sich gefaßt.) Die fünf Appartements kommen, zusammen mit den Boudoirs des Heidentums, auf zweihundert Schweizer Franken pro Tag, das heißt . . .«

Er hielt inne, denn es wäre zu schmerzlich für ihn gewesen, zu wissen, wieviele Drachmen, Escudos, Milreis,

Leis, Sapeken oder Dollars die Miete der fünf Appartements darstellte.

»Das heißt sechstausend Schweizer Franken pro Monat!«

»Der Preis eines Schlachtschiffes!« rief Eisenbeißer mit ungestümen Händen.

»Und in zehn Jahren siebenhundertzwanzigtausend Schweizer Franken«, sagte Salomon, um mit dabei zu sein.

»Die, sechs Jahrhunderte mit Zins und Zinseszins angelegt«, sagte Mattathias, »ungefähr hundert Millionen einbringen würden.«

»Aber aus was sind denn diese Zimmer?« fragte Salomon dramatisch. »Aus Edelsteinen oder aus Gold?«

Saltiel hielt den Kopf zwischen den Händen.

»O du Dieb von einem Direktor des Ritz, möge deine Tochter vor ihrer Mutter sterben, und möge deine Frau vor dir sterben!«

»Kinder«, sagte Eisenbeißer, »das können wir nicht einfach hinnehmen! Wir müssen uns rächen!«

Er stand auf, zündete alle Lampen in den fünfzehn Zimmern an, ließ heißes Wasser in die fünf Badewannen laufen, während Saltiel zum zweiten Mal mit dem Portier telefonierte, um ihm aufzutragen, dem Direktor zu sagen, er sei ein Pharao.

»Und der Ewige möge ihm am Ende des laufenden Monats einen Bankrott schicken«, rief Mattathias.

Dann – es war vier Uhr morgens – klingelte Eisenbeißer nacheinander dem Kammerdiener, dem Kammermädchen und dem Butler, ließ sich von dem ersteren abbürsten und bat die beiden anderen um Auskünfte über die historischen Denkmäler von Genf. Nachdem dies getan war, ging er in die Toiletten auf dem Stockwerk, um dort alle Lampen anzuzünden und eine Razzia des Toilettenpapiers zu machen. Dann versetzte er den Tischen Fußtritte, bearbeitete die Teppiche mit seinen eisenbeschlagenen Schuhen, schraubte die Birnen heraus, die er in seinen Koffer schloß, spuckte in die Spucknäpfe im Flur, zog eine nach der andern die Wasserspülungen der Toiletten und säuberte seine Schuhe mit den Bademänteln. Schließlich befahl er den Freunden, ein Bad zu nehmen. Große Übel erfordern tragische Mittel! Es ging darum, die Dinge zu nutzen! Zum Teufel, zweihundert Franken pro Tag!

Nicht ohne Schmerz stieg Eisenbeißer in die Badewanne. In der Tat war er sehr stolz darauf, noch nie gebadet zu haben, und nahm dies zum Anlaß, sich mit Ludwig XIV. zu vergleichen. Er blieb eine ganze Stunde im warmen Wasser und stöhnte sehr, denn er fürchtete Hautkrankheiten. Allmählich wurden die Seufzer sanfter. Entsetzlich, er fand Gefallen daran. Er wurde zu einem Lüstling, einem Römer der Dekadenzeit. Und um seine Verkommenheit zu vollenden, seifte er sich sogar zum ersten Mal in seinem Leben ein. Nachdem er sich abgetrocknet hatte, stellte er sich vor den Spiegel und wich vor Entsetzen zurück. Er erkannte sich nicht mehr wieder.

Um sechs Uhr morgens schliefen die Tapferen ein, erschöpft von ihren Wasserheilverfahren, doch getröstet von dem entzückenden Lärm des Wassers, das sich in die Badewannen ergoß. Denn Eisenbeißer hatte empfohlen, unaufhörlich das kalte Wasser und vor allem das warme Wasser laufen zu lassen.

Sie wurden in einem Schwitzbad wach, verloren in den Dämpfen, die aus den dröhnenden Badezimmern kamen. Trotz der brennenden Lampen sah man keinen

Meter weit. Die Tapeten an den Wänden hatten sich gelöst, und die Bettlaken waren klammfeucht. Sich durch den Nebel tastend, ging Eisenbeißer die Fenster öffnen.

»Vorwärts, meine Herren, zu dem Schweizer Frühstück!«

Sie bemühten sich, soviel wie möglich zu essen – zum Teufel, zweihundert Franken pro Tag! –, und was sie nicht trinken oder essen konnten, leerten sie in die Badewanne oder sonstwohin.

Der Schwindsüchtige ging hinunter in den Salon, machte mit Hilfe seiner riesigen Hände eine seltsame Musik auf dem Flügel, zunächst einmal, um alles auszunützen, aber auch, um zu sehen, ob er nicht zufällig ein großer Komponist sei. Er verfluchte innerlich den Direktor, der es wagte, ihn für zweihundert Franken pro Tag anzulächeln, ein Lächeln, das nur gewährt wurde, weil der seltsame Bursche im weißen Drillich ein Gast des Untergeneralsekretärs war, der, hm, seltsame Bekannte hatte.

Nachdem er sich mit einem winzigen Pagen unterhalten und ihm gegenüber düstere Anspielungen auf den Geist des Bösen und des Betrugs gemacht hatte, ging Eisenbeißer in verdauungsfördernder Absicht vor dem See spazieren. Er riet Engländern vom Hotel Ritz ab, die dieses Hotel nicht kannten und ihren Weg mit erhobenem Kinn fortsetzten. Eisenbeißer nahm es nicht übel. Er lehnte sich an die Rampe und bewunderte den Genfer See, einen Bottich extra-flüssiger blauer Tinte.

Und jetzt zu den ernsthaften Dingen! Er ging wieder hinauf und fand die Tapferen angezogen, mit Pomade eingeschmiert und frisch rasiert vor, bereit zu leben und zu dröhnen.

# Der Wahn, die Sinne

> Obwohl ich heute noch detailliert angeben
> kann, wie wir aussahen und was wir spra-
> chen, vermag ich nicht mehr mit Bestimmt-
> heit zu sagen, welcher von den dreien ich
> war.
>
> Eugen Egner, *Landpartie zu dritt*

FRIEDRICH THEODOR VISCHER

## Aus dem Tagebuch des A. E., herausgegeben von einem Freunde

Verwünschte Kanzleirechnung! – Wieder dreimal verrechnet, da ich sie nicht zu Frau Hedwig hinüberneh-
men konnte, mir helfen zu lassen. Menschen, die das
arithmetische Organ haben, können sich in solche, denen es fehlt, gar nicht genügend versetzen. Es ist nicht
bloß, daß man notdürftig nur noch addieren kann; nein,
man hat sich so oft verrechnet, daß man dem ganz Gewissen, dem Ausgemachten nicht traut. Wenn ich irgend
eine Amtsrechnung prüfen soll: ich weiß wohl, daß
zweimal zwei vier ist; aber könnte es denn nicht aus-
nahmsweise einmal, zum Beispiel heute Vormittag, fünf
sein? Ein Jammerstand des Bewußtseins, ein tiefinneres
Unglück und Elend.

\*

Das war ein Tag! Wetter: oberer Föhn bei unterem unverschämtem, injuriösem, rechtsverletzendem Nordwestwind, der mir meinen Hut nimmt, den ich doch um mein Geld erstanden habe und daher als rechtmäßiger Eigentümer besitze. Nerven und Gehirn elektrisch durchzuckt, Blut kochend, Haut stechend. Dennoch und auch unterschiedlichen Teufeln zum Trotz den ganzen Tag scharf gearbeitet. Abends sehr Erholung, Ausspannung bedurft. In Gesellschaft. Und hier? fängt erst die rechte Folter an. Zu acht an einem Tisch, eine Zahl, durchaus nicht zu groß, um recht gut noch eine gemeinschaftliche Unterhaltung zu erlauben. Beginnt folgendes liebliche Spiel: A eröffnet mit C ein Sondergespräch, dann E mit G, dann H mit F, und D foltert mich B, ich soll mit ihm eines führen. Da jedes dieser vier Sondergespräche das andere übertrommelt, so fangen alle das Schreien an und nun hört man das eigene Wort nicht mehr. Ich suche auszuwickeln, suche laut ein Gespräch für alle aufs Tapet zu bringen, – vergeblich, niemand begreift mich.

Nicht genug, weiter! Sie fangen über's Kreuz an: A mit D, C kräht nach mir (B) herüber, E mit H, G mit F. Nun ist zum Beispiel in einer der lieblichen Gruppen von Preußen und Bayern die Rede, in der Diagonale schlagen den zwei Politikern die Namen Dante und Petrarka, von anderer Seite Cervelatwurst und Gansleberwurst, in der dritten Kreuzung scheußlicherweise auch noch die Begriffe Aktien und Prioritäten, in der vierten die Streitfrage über Sängerin Blözke und Grilli aufs Trommelfell.

Noch nicht genug. Eine kurze Pause tritt ein. D fragt A, welcher Altdeutsch versteht, nach einem verwickelten Punkte, nämlich: wann das *E* geschlossen, wann offen zu sprechen sei. Man sieht, es ist ihm wirklich darum, belehrt zu werden, den anderen ist es auch von Interesse, mir nicht weniger, und alle horchen. Während nun der A eben recht im Zug ist, den Punkt auseinander zu setzen, bricht ihm der D, der ihn ja eben selbst gefragt hat, in die Rede mit der Frage, ob er gestern im Konzert gewesen sei, gleich darauf fängt der C mit mir vom Theater an und so läuft es fort: Jeder hat vergessen, daß er soeben sich für einen Zusammenhang interessierte.

Ich schoß auf und fort, zermartert, zerschunden, zerfetzt, zerrieben, zerdroschen, zerwirbelt, zerraspelt in allen Nerven kam ich nach Hause. Das war meine Abenderholung: nach schwerer Tagesarbeit noch schwerere am Abend! Möchte das arme Hirn entlasten und muß mir alle seine Saiten zerreißen lassen.

*

Wer das Leben nach seinem Idealwerte schätzt, ich frage, ob der nicht wütend werden muß, wenn er auch nur ungefähr überschlägt, wie viel Kraft und Zeit uns das Bagatell raubt, ich meine das recht eigentliche Bagatell, das nicht des Nennens wert ist. Wer von jenem Werte durchdrungen ist und doch geduldig bleibt: gut, recht, er soll ein Engel sein. So lang ich aber nicht sonst Proben habe, daß einer engelgleich ist, bin ich so frei, zu glauben, daß er den Kampf mit dem Bagatell nur darum leicht nimmt, weil er grobe Nerven hat oder nicht vergleicht, nicht rechnet. Rechnen wir nur sehr schwach: per Tag 1½ Stunden für An- und Auskleiden und dergleichen, hiezu nur ¾ Stunden für speziellen Kampf mit Knöpfen und Anverwandten: macht per Woche 105¾ Stunden.* Nehmen wir hinzu, daß nur einmal wöchentlich noch speziellere und ganz tragische Kämpfe sich ereignen, wie verzweifeltes Suchen eines Blatts, einer Notiz, und bedenken wir, daß ein solcher Vorgang das Hirn, das ganze Nervenleben in eine ähnliche Betäubung versetzt, wie Verirren nachts im Walde, also für einen ganzen Vormittag arbeitsunfähig macht, tut 6 Stunden: Summa in der Woche 1056 ¾ Stunden: welche entsetzliche Zahl!**

* Sic! *Anm. d. Herausg.*
** Sic! *Anm. d. Herausg.*

*

Um mich zu bessern, habe ich schon das Mittel versucht, eine Korrespondenz mit mir selbst zu eröffnen. Ich schrieb mir sehr weise ermahnende Briefe. Nun wurde aber der Ich *b* über die Altklugheit des Ich *a* verdrießlich, fing an, unwirsch zu antworten, wurde grob und gröber, der Ich *a* blieb ihm die Antwort nicht schuldig, das Ding machte mir Spaß und endlich gab es eine vollkommene Zank- und Scheltkomödie. – Larifari! –

KURT KUSENBERG

## Eugen

Sooft Herr Kierau morgens in den Spiegel sah, mißfiel ihm sein Anblick. Trübe Augen, Tränensäcke, stumpfes Haar, schlaffe Haut: das war die Rechnung für den vergangenen Abend. Betrüblich war auch, daß er sich nicht entsinnen konnte, was er in später Stunde gesagt und getan hatte. Es war alles weggewischt, als sei zu dieser Zeit gar nichts geschehen. Hatte er Freunde bewirtet, erzählten sie hinterher, er, der Bedächtige, habe Witz versprüht und sie köstlich erheitert. Das hörte Herr Kierau nicht ungern, doch es wäre ihm lieber gewesen, er hätte sich seiner witzigen Worte erinnert, um nachzuprüfen, ob sie auch bei Tage noch witzig blieben. Ebendies aber war ihm verwehrt.

Wenn Herr Kierau abends allein vor sich hin trank, machte er bisweilen Notizen. Am Tag darauf fand er sie meistens sprunghaft oder platt, doch nie unverständlich. Seit etwa drei Wochen aber kamen sie ihm sonderbar vor, und seit einigen Tagen begriff er sie überhaupt nicht mehr. Da stand, beispielsweise, zu lesen: »Menschenfresserei wünschenswert, vielleicht sogar nötig. Geranien sind zu verbieten, Astern auch. Tanz, Tanz, aber distelhaft.« Oder: »Schlüssel aus Leichtmetall öffnen kein Schloß. Gehen Sie nur hinein, das Haus ist stabil! Überall Nebel, und in der Tasche Sandkörner. Meine Tante Isabell.« Oder: »Der achte Stock tiefer als der siebente – das ist immer so. Warum stottern Zwerge? Luft voller Hornissen, dazwischen Glaskugeln. Kein gutes Zeichen.«

Daß Herr Kierau seine Aufzeichnungen nicht mehr verstand, beunruhigte ihn sehr. »Wie, zum Teufel, ist das möglich?« dachte er. »Ich habe es doch selbst geschrieben, gestern abend zwischen zehn und zwölf.« Aber so sehr er sich auch mühte: der Sinn seiner wunderlichen Sätze ging ihm nicht auf.

Es kam noch ärger. Der trunkene Herr Kierau nahm andere Gewohnheiten an als der nüchterne. Er holte sich aus der Kneipe süßlich schmeckende Zigaretten, die dieser verabscheute, und trank auf den Wein noch zwei Flaschen Bier. Er hatte auch einen anderen Geschmack. Wenn der nüchterne Herr Kierau morgens durch seine Wohnung ging, fand er die Möbel umgestellt, die Bilder umgehängt, und im Papierkorb lagen Bücher, die er besonders schätzte.

Nun bestand kein Zweifel mehr: sein nächtliches Ich war ein Anderer als er. Herr Kierau sah das ein und nannte den Anderen, um sich gegen ihn abzugrenzen, Eugen. Damit billigte er ihm eine gewisse Selbständigkeit zu, doch dies hieß beileibe nicht, daß er sich aller Ansprüche auf ihn begab. Er, Heinrich Kierau, blieb der Herr – freilich ein nachsichtiger Herr, der täglich die Möbel, die Bilder, die Bücher wieder an ihren Platz brachte.

Wenn Herr Kierau abends zu trinken begann, gegen neun Uhr, glich er durchaus sich selbst: ein rechtschaffener, wortkarger Mann, dem selten etwas Besonderes einfiel. Ein Stündchen später aber gab es Herrn Kierau nicht mehr. Er war abhanden gekommen, und an seiner Statt saß dort Eugen, der an Einfällen keinen Mangel litt. Umsonst versuchte Herr Kierau, den Augenblick des Übergangs wahrzunehmen. Es gelang ihm ebensowenig, wie es einem gelingt, jene Sekunde zu erhaschen, in der man einschläft. Eine Zeitlang meinte Herr Kierau, es helfe ihm, wenn er den Wein mit Wasser verdünne. Er hatte jedoch Eugen nicht bedacht, der in ihm schon lauerte und schneller war als er. Während Herrn Kieraus rechte Hand unlustig nach dem Glas mit dem wäßrigen Wein faßte, schoß seine Linke, von Eugen geführt, auf die Flasche zu und hob sie an den Mund. Schon der erste Schluck spülte Herrn Kierau fort, und der Abend gehörte Eugen.

Nie wird man ergründen, warum Eugen Spaß daran

114

fand, einem Mann zu schaden, von dem er in so mancher Hinsicht abhängig war; es stak wohl in seinem Wesen. Nachts störte er durch laute Verrichtungen den Schlaf der Hausbewohner. Er wechselte am Klingelbrett die Namenschildchen aus oder brachte Schildchen mit unflätigen Namen an. Er schüttete Sägemehl in die Briefkästen oder packte die Fußmatten in die Mülltonnen. Er beschmierte das Treppengeländer mit Kunsthonig oder stellte auf den Stufen die Beute seiner nächtlichen Streifzüge zur Schau: Aschenbecher, Bierfilze, abgeschraubte Emailschilder, Gummibälle, Rosensträucher und kleinere Automaten. Die Mieter fanden bald heraus, wer der Übeltäter war, und schauten weg, wenn Herr Kierau sie grüßte. Vom Hausverwalter kam ein drohender Brief.

Dieser Brief regte Eugen an, sich der Post zu bedienen. Leute, die Herrn Kierau bisher für höflich, ja, ehrerbietig hielten, empfingen dreiste Briefe – oder späte Anrufe, die ihnen mißfielen. Stolz auf sein Werk, brachte Eugen die Briefe noch rasch zum Postkasten, bevor er sich schlafen legte. Einige davon bekam Herr Kierau dennoch zu sehen; die Empfänger sandten sie ihm wortlos zurück. Um es kurz zu machen: Personen von Stand verschlossen Herrn Kierau fortan ihr Haus; zwei unter ihnen, die Eugen ernstlich gekränkt hatte, erhoben Klage. Zudem verlor Herr Kierau seine Stellung und mußte froh sein, daß er eine andere fand, wenngleich sie geringer entlohnt wurde.

Zu seinem fünfzigsten Geburtstag lud Herr Kierau die besten Freunde ein: eben jene, die Eugens Witz immer so dankbar belachten. Eugen gefiel sich jedoch darin, sie reihum zu verstimmen; nichts, was kränken konnte, blieb ungesagt. Kurz nach Mitternacht besaß Herr Kierau keine Freunde mehr. Die Gäste brachen einmütig auf, in geschlossener Schar polterten sie schimpfend die Treppe hinab.

Als Herr Kierau erfuhr, was sich an seinem Geburtstag ereignet hatte, befiel ihn zornige Trauer. Wie aber sollte er ein Geschöpf zur Rede stellen, das er nie zu Gesicht bekam? Eugen und er, sie glichen den Figuren eines Wetterhäuschens: war die eine sichtbar, sah man die andere nicht. »Was denkt er sich eigentlich!« grollte Herr Kierau. »Er ist doch nichts ohne mich. Besorgte ich nicht die Getränke, bliebe er wesenlos. Ich könnte ihn einfach vernichten, indem ich nicht mehr trinke.« Aber gerade dies konnte Herr Kierau nicht, weil er so gerne trank.

Herr Kierau entschloß sich, an Eugen zu schreiben. Anknüpfungspunkte gab es genug, dafür sorgten Eugens Notizen, die er sorgfältig aufbewahrte. Der erste Brief lautete:

»Lieber Eugen! Deine Aufzeichnungen sagen mir, daß die kleine Reiterfigur auf dem Schrank Dich ängstigt. Du starrst sie stundenlang an, Du findest, daß sie sich ständig verändert, Du hast Furcht vor ihr. Nun, ich halte dies für eine Folge Deiner Trunksucht. Du solltest Dich mäßigen und vor allem das törichte Biertrinken unterlassen, welches mir so übel bekommt. Eher hättest Du Anlaß, unseren Ruin zu fürchten. Deine nächtlichen Narreteien treiben uns nämlich in den Abgrund.«

Eugen antwortete noch am selben Abend: »Sehr geehrter Herr Kierau! Obwohl Sie mich in Ihrem Brief duzen, als sei ich ein Verwandter oder ein Knecht, bediene ich mich der höflicheren Anrede. Was die Porzellanfigur angeht, die Sie in Ihrem Unverstand für einen Reiter halten, so habe ich Sie nicht gebeten, die Natur meiner Irritation zu ergründen, und schon gar nicht, mir Ratschläge zu geben. Ich wiederum kann *Ihre* Befürchtungen nicht teilen, denn mir gebricht es nicht an Mitteln. Ich lege dreihundert Mark auf den Tisch, als Ausgleich für die von Ihnen bezahlten Weinrechnungen.«

Und wirklich: da lagen, spöttisch ausgefächert, drei nagelneue Hundertmarkscheine. Wo hatte Eugen sie her? »Sicher lebt er von Erpressungen«, dachte Herr Kierau betrübt. »Oder er schreibt unzüchtige Bücher. Schmutzig ist das Geld bestimmt.« Dennoch steckte Herr Kierau es in die Brieftasche; seine großen Auslagen ließen ihm keine andere Wahl.

Der Briefwechsel, gereizt und nicht immer höflich, ging weiter. Am meisten verdroß es Herrn Kierau, daß Eugen mit grüner Tinte schrieb, obwohl er wußte, wie sehr sie ihm, seinem Herrn, widerstand. Bei der einen Spende blieb es nicht, Herr Kierau fand öfters Banknoten auf dem Tisch. Mitunter waren sie spielerisch gefaltet und geknifft: dann spreizte sich da eine Rosette, ein Lamm oder ein Schiffchen.

Eugens Hochmut kannte kein Maß. »Ich weiß alles!« schrieb er einmal. »Fragen Sie mich, ich bleibe keine Antwort schuldig.« Herr Kierau ging auf das Spiel ein. Als er von Eugen wissen wollte, was Duft sei, erhielt er die Auskunft: »Eine Schwebung gasoider Zismen«, und als er sich erkundigte, wer rechtens Inhaber der Wohnung sei, er oder Eugen, hieß es: »Ich, weil ich die Porzellanfigur ergründe. Übrigens mache ich in der Sache große Fortschritte.«

Mit solchem Unsinn war nicht viel anzufangen, und so gab Herr Kierau das Fragen auf, zumal er argwöhnte, daß Eugen sich nur über ihn lustig machen wollte. Die Notizen jedoch, die Jener abends aufs Papier warf, beschäftigten ihn unablässig. Er las sie, verglich sie untereinander, bereit, ja, begierig, in eine Gedankenwelt einzudringen, die vermutlich viel unterhaltsamer war als seine eigene. Doch es gelang ihm nicht.

Herr Kierau befand sich in der Lage eines Staates, der weitab eine Kolonie gegründet hat und mitansehen muß, wie sie immer größer, immer reicher und unabhängiger wird, während er selbst verarmt. So gut er es konnte, sann er darüber nach, wie das Entgleitende, halb schon Verlorene noch zu halten sei. »Vielleicht«, dachte er, »sollte ich schon bei Tage trinken. Vielleicht komme ich dadurch Eugen näher. Freilich muß ich darauf achten, daß ich des Guten nicht zuviel tue, denn sonst verliere ich mich noch mehr an ihn, und das wäre ein schlechtes Geschäft.«

Dies war, um es genau zu sagen, der letzte Gedanke, der in Herrn Kieraus Hirn entstand. Er trank nun also getrost bei Tage, anfangs gleich nach dem Mittagessen, später schon nach dem Frühstück. Er tat es vorsichtig, hinhaltend, alle Stunde nur ein Glas, und hatte wirklich die Empfindung, daß er sich Eugen nähere. Das angenehme Gefühl nahm zu, als er die Zeitspanne für ein Glas Wein auf eine halbe Stunde herabsetzte. Und als er sie gar auf zehn, auf fünf Minuten kürzte, gaben ihm Eugens Notizen keine Rätsel mehr auf; er begriff sie so gut, als hätte er sie selbst verfaßt. Zu fragen blieb nur, *wer* sie begriff, denn Herr Kierau und Eugen waren eins geworden.

# Der hellgraue Frühjahrsmantel

Vor zwei Monaten – wir saßen gerade beim Frühstück – kam ein Brief von meinem Vetter Eduard. Mein Vetter Eduard hatte an einem Frühlingsabend vor zwölf Jahren das Haus verlassen, um, wie er behauptete, einen Brief in den Kasten zu stecken, und war nicht zurückgekehrt. Seitdem hatte niemand etwas von ihm gehört. Der Brief kam aus Sidney in Australien. Ich öffnete ihn und las:

Lieber Paul!
Könntest Du mir meinen hellgrauen Frühjahrsmantel nachschicken? Ich kann ihn nämlich brauchen, da es hier oft empfindlich kalt ist, vor allem nachts. In der linken Tasche ist ein »Taschenbuch für Pilzsammler«. Das kannst Du herausnehmen und behalten. Eßbare Pilze gibt es hier nämlich nicht. Im voraus vielen Dank.
                                        Herzlichst Dein Eduard

Ich sagte zu meiner Frau: »Ich habe einen Brief von meinem Vetter Eduard aus Australien bekommen.« Sie war gerade dabei, den Tauchsieder in die Blumenvase zu stecken, um Eier darin zu kochen, und fragte: »So? Was schreibt er?«
»Daß er seinen hellgrauen Mantel braucht und daß es in Australien keine eßbaren Pilze gibt.« – »Dann soll er doch etwas anderes essen«, sagte sie. – »Da hast Du recht«, sagte ich.
Später kam der Klavierstimmer. Er war ein etwas schüchterner und zerstreuter Mann, ein wenig welt-

fremd sogar, aber er war sehr nett, und natürlich sehr musikalisch. Er stimmte nicht nur Klaviere, sondern reparierte auch Saiteninstrumente und erteilte Blockflötenunterricht. Er hieß Kolhaas. Als ich vom Tisch aufstand, hörte ich ihn schon im Nebenzimmer Akkorde anschlagen.

In der Garderobe sah ich den hellgrauen Mantel hängen. Meine Frau hatte ihn also schon vom Speicher geholt. Das wunderte mich, denn gewöhnlich tut meine Frau die Dinge erst dann, wenn es gleichgültig geworden ist, ob sie getan sind oder nicht. Ich packte den Mantel sorgfältig ein, trug das Paket zur Post und schickte es ab. Erst dann fiel mir ein, daß ich vergessen hatte, das Pilzbuch herauszunehmen. Aber ich bin kein Pilzsammler.

Ich ging noch ein wenig spazieren, und als ich nach Hause kam, irrten der Klavierstimmer und meine Frau in der Wohnung umher und schauten in die Schränke und unter die Tische.

»Kann ich helfen?« fragte ich.

»Wir suchen Herrn Kolhaas' Mantel«, sagte meine Frau.

»Ach so«, sagte ich, meines Irrtums bewußt, »den habe ich soeben nach Australien geschickt.« – »Warum nach Australien?« fragte meine Frau. »Aus Versehen«, sagte ich. »Dann will ich nicht weiter stören«, sagte Herr Kolhaas, etwas betreten, wenn auch nicht besonders erstaunt, und wollte sich entschuldigen, aber ich sagte: »Warten Sie, Sie können dafür den Mantel von meinem Vetter bekommen.«

Ich ging auf den Speicher und fand dort in einem verstaubten Koffer den hellgrauen Mantel meines Vetters. Er war etwas zerknittert – schließlich hatte er zwölf Jahre im Koffer gelegen – aber sonst in gutem Zustand.

Meine Frau bügelte ihn noch ein wenig auf, während ich mit Herrn Kolhaas ein Glas Sherry trank und er mir von einigen Klavieren erzählte, die er gestimmt hatte. Dann zog er ihn an, verabschiedete sich und ging.

Wenige Tage später erhielten wir ein Paket. Darin waren Steinpilze, etwa ein Kilo. Auf den Pilzen lagen zwei Briefe. Ich öffnete den ersten und las:

Lieber Herr Holle, (so heiße ich)

da Sie so liebenswürdig waren, mir ein »Taschenbuch für Pilzsammler« in die Tasche zu stecken, möchte ich Ihnen als Dank das Resultat meiner ersten Pilzsuche zuschikken und hoffe, daß es Ihnen schmecken wird. Außerdem fand ich in der anderen Tasche einen Brief, den Sie mir wohl irrtümlich mitgegeben haben. Ich schicke ihn hiermit zurück.

Ergebenst Ihr A. M. Kolhaas

Der Brief, um den es sich hier handelte, war also wohl der, den mein Vetter damals in den Kasten stecken wollte. Offenbar hatte er ihn dann mitsamt dem Mantel zu Hause vergessen. Er war an Herrn Bernhard Haase gerichtet, der, wie ich mich erinnerte, ein Freund meines Vetters gewesen war. Ich öffnete den Umschlag. Eine Theaterkarte und ein Zettel fielen heraus. Auf dem Zettel stand:

Lieber Bernhard!

Ich schicke Dir eine Karte zu *Tannhäuser* nächsten Montag, von der ich keinen Gebrauch machen werde, da ich verreisen möchte, um ein wenig auszuspannen. Vielleicht hast Du Lust, hinzugehen. Die Schmidt-Hohlweg singt die Elisabeth. Du schwärmst doch immer so von ihrem hohen Gis.

Herzliche Grüße, Dein Eduard

Zum Mittagessen gab es Steinpilze. »Die Pilze habe ich hier auf dem Tisch gefunden. Wo kommen sie eigentlich her?« fragte meine Frau. »Herr Kolhaas hat sie geschickt.« – »Wie nett von ihm. Es wäre doch gar nicht nötig gewesen.«

»Nötig nicht«, sagte ich, »aber er ist eben sehr nett.«

»Hoffentlich sind sie nicht giftig. – Übrigens habe ich auch eine Theaterkarte gefunden. Was wird denn gespielt?«

»Die Karte, die du gefunden hast«, sagte ich, »ist zu einer Aufführung von *Tannhäuser*, aber die war vor zwölf Jahren!« – »Na ja«, sagte meine Frau, »zu *Tannhäuser* hätte ich ohnehin keine große Lust gehabt.«

Heute morgen kam wieder ein Brief von Eduard mit der Bitte, ihm eine Tenorblockflöte zu schicken. Er habe nämlich in dem Mantel (der übrigens seltsamerweise länger geworden sei, es sei denn, er selbst sei kürzer geworden) ein Buch zur Erlernung des Blockflötenspiels gefunden und gedenke, davon Gebrauch zu machen. Aber Blockflöten seien in Australien nicht erhältlich.

»Wieder ein Brief von Eduard«, sagte ich zu meiner Frau. Sie war gerade dabei, die Kaffeemühle auseinanderzunehmen und fragte:

»Was schreibt er?« – »Daß es in Australien keine Blockflöten gibt.« – »Dann soll er doch ein anderes Instrument spielen«, sagte sie.

»Das finde ich auch«, meinte ich.

Meine Frau ist von erfrischender, entwaffnender Sachlichkeit. Ihre Repliken sind zwar nüchtern aber erschöpfend.

# Der Fieberkopf

Mein lieber, lieber Heinz!

Rio, 1. Feber 64

Jawohl: Rio de Janeiro!!! Und zwar bin ich nicht allein hier, Du wirst lachen! Auch Alex sitzt neben mir, ebenso wie Frau Celsia Kampl. Wir brüten unter glühender Sonne auf einer brasilianischen Parkbank; nur der Zukkerhut spendet ein wenig Schatten. Du, der Du jetzt fröstelnd zum verschneiten Dobratsch aufschaust, kannst das alles selbstverständlich nicht verstehen. Du wirst fragen, wie ich es hier in einem Lande, das vor Negern überquillt, aushalten kann. Du wirst fragen, weshalb Alex und Celsia Kampl mit dabei sind usw. Ich fühle direkt, wie ein tonnenschwerer Fragenkomplex über den Atlantik zu mir braust – ich will Dir antworten. Setz Dich jetzt, zünde im Ofen ein Feuerchen an und lies dann weiter.

1. Alex. Wie kommt Alex nach Rio de Janeiro?? Ganz einfach. Zuletzt sahen wir ihn noch in Mixnitz, pitschnaß von unserer Stoppfahrt, ins Gasthaus einziehen. (Ich fuhr ja gleich mit Celsia K. weiter!) Er hatte ursprünglich die Absicht, nach Graz zurückzukehren, doch das Schicksal wollte es wieder einmal anders. »Ich kam«, so erzählt er ... (Von hier ab Alex persönlich!:)

in eine deftige Gesellschaft. Es war, lieber Freund, der letzte Rest einer Trauergemeinde, angesoffen, die Bäuche hingen, prall vom Leichenschmaus, weit über. Offensichtlich fiel ich durch meine armselige, schwammige

Kleidung auf. Ein Bauernbursch, der weit über den Durst getrunken hatte, pöbelte mich auch gleich an. »Schpül ma a Partie Pocker??!« fragte er keck. Ich lehnte erst ab, gab dann aber scheinheilig klein bei und bestellte 32 Blatt (vom As bis zum 7er). Ich weiß nicht, lieber Freund, ob Du weißt, daß ich ein ganz exzellenter Falschspieler bin, daß ich in meiner Jugend fast nichts anderes getan habe als (falsch) pokern. Mein Geist und meine Hände sind heute gottlob so flink wie eh und je! Flugs hatte ich auch dem verwunderten Leichenschmauser 5000 Schilling abgespielt (ich mußte nicht einmal schwindeln!), außerdem noch einen Wettermantel, den ich noch dringend brauchen sollte. Einem anderen Zechgesellen spielte ich noch schnell durch Schnapsen einen Hunderter ab, den er allerdings nicht zahlen konnte, wofür er mich aber mit seinem VW nach Bruck an der Mur führte, wo bereits ein Expreßzug (Wien–Paris) parat stand. Klarerweise fuhr ich 1. Klasse & Sleeping Car. Kurz vor Villach brach die Nacht herein, und ich begab mich in meine Koje – leider mußte ich sie mit einem anderen Herrn teilen. Er war schon in den Federn und schnarchte deftig (es war erst 18 Uhr!!!). Ich entflammte mir eine Marlboro – Geld hatte ich ja! – und sah zufrieden zum Fenster hinaus. Die verschneiten Hügel und Wälder flitzten schemenhaft vorüber – herrlich! Gerade zücke ich meinen Tintenbleistift, um ein Sonett aufs Papier zu schmeißen, da sehe ich von fern ein Feuer auf einem Hügel. Lichtzeichen, dachte ich. Der Zug schoß glücklicherweise gerade drauf los! Ein Mensch stand ganz nahe dem Bahndamm und zeichnete mit zwei Fackeln ein großes T in die Nacht! Ich zückte meinen Feldstecher und stellte ihn ein. Nur für Zehntelsekunden konnte ich das Gesicht erkennen! Es war Ulf Kiemburg-Nurser!

Mit einer Indianerfeder am Kopf! Was mochte ihn wohl zu dieser Tat veranlaßt haben? Ist er der zweite (Villacher –) Ulf? !!! Was hat das T zu bedeuten? Vielleicht kannst Du das alles klären, alter Freund und Zwetschgenröster! Ich nämlich, der ich Tausende Kilometer weit weg bin, kann mich jetzt nicht um Ulf Kiemburg-Nurser kümmern, wie überhapt um all die immer mehr verschwimmenden Vorfälle in Österreich. Unter dieser Bruthitze hier schmilzt alles auf das Notwendigste zusammen!

Nun aber weiter mit meinem Reisebericht! Ich schloß alsbald die Augen, ohne jedoch einschlafen zu können. Im Nebenbett wälzte sich mein Kojengenosse hin und her. Er stöhnte und schien einen furchtbaren Traum zu haben. Immer wieder murmelte er wirres Zeug, schließlich begann er sogar zu sprechen:

»Gerlitzen ... Merlitzen ... Urlitzen ... Jurlitzen ... Karlitzen ... oh ...«, und so fort. Die Namen kamen mir sehr bekannt vor. Auch die Stimme hatte ich schon irgendwo gehört. »Föhne!« brüllte ich unkontrolliert! »Mörder Föhne!« Er war es. Gleich einem ins Blatt getroffenen Hirschen röhrte er auf! Seinen Kopf schlug er sich beim ruckartigen Erwachen tüchtig an. Aus glasigen – ich hatte Licht gemacht! –, schlaf-fiebrig zerquetschten Augen sah er mich an! »Herr Alex!« brachte er hervor. Dann zog er plötzlich die Notbremse und stürzte, gleich im Pyjama, ins Freie. Barfuß sah ich ihn im Schnee davonlaufen. »Auf nach Brasilien!« schrie er zweimal, dann war nichts mehr von ihm zu sehen. Der Zug stand still und pfiff. Von fern hörte ich den Schaffner die aufgeregten Passagiere beruhigen. Mir gegenüber lag Föhnes Koffer. Was mochte er bergen? Rasch schob ich ihn unter meinen Sitz. Ich meldete mich beim Schaffner und sagte, ich hätte im Schlaf die Notbremse gezogen. Ich zahlte 130 öS, worauf die Fahrt weiterging. Nun machte ich mich an Föhnes Koffer. Er war voller Watte, erst nach längerem Stöbern stieß ich auf zwei härtere Gegenstände. Der eine entpuppte sich als kleine Puppe, auf die man mit Kugelschreiber einen Namen geschrieben hatte (Ulf), der andere war ein Pfeil, auf dessen Spitze ein Thermometer aufgeschweißt war. Darauf stand: Canca (Brasilien). Canca??? Ich stand da wie der Ochse vorm neuen Tor!

Der Zug verließ Kärnten im Höllentempo! Die Nacht verlief ohne weitere Zwischenfälle. Ich erreichte Paris am frühen Nachmittag. Nun übergebe ich wieder an Frank. Tschau derweil!

(Nun wieder ich). Seltsam auch, lieber Heinzi, unser Zusammentreffen. Ich war zufällig in meinen letzten Pariser Tagen mit Mme. Celsia Kampl zusammengestoßen. Das war so. Ich bestieg bei Sèvres-Babylon die Métro zweiter Klasse. Nach kurzer Fahrt stieg eine grellgelb gekleidete Kontrolleuse ein, der ich meinen Fahrschein ordnungsgemäß vorwies. Sie sagte, ich sei hier falsch, dieses sei erste Klasse. Ich beteuerte, indem ich auf die Holzbank wies – Nein!!! Stell Dir vor! Es waren auf einmal blutrote, vornehme Polstersitze vorhanden! Auch die Insassen waren andere! Parfümierte, brillantenbehängte Omamas drückten die Sitze! Ich sah der Kontrolleuse hilflos in die Augen – ich sah in die Augen Celsia Kampls! »Monsieur Frank!« (Herr Frank) entfuhr es ihr, und ihre kleine gelbe Schaffnerzange fiel zu Boden. Schon bei der nächsten Station hüpften wir aus der Métro. Celsia – wir hatten noch nichts miteinander geredet – zerrte mich ans Tageslicht, drückte mich in ein Taxi und auf ging's. Wir fuhren schnurstracks aus Paris heraus. Auf der sonnigen Fahrt begann sich Celsias Kleid immer mehr zu verfärben. Erst schimmerte es orange, dann violett – schließlich saß sie in Trauer neben mir. Auf einem verschneiten Kartoffelacker hielten wir. Celsia entfernte sich einige Meter ins niedere Kraut hinein (ihr Kostüm war jetzt blutrot!), lächelte mir zu und, stell Dir vor (!), fing an sich zu entblättern. Der Taxichauffeur stand, an die offene Tür gelehnt, rauchend und grinsend neben mir. Als Frau Kampl schließlich nackt vor uns stand, trat der Chauffeur auf sie zu. »Eh bien«, räusperte er sich.

»Nicht Sie! – Sie!« wies Celsia auf mich. »Qu'est ce que vous voulez de moi?« (Was wollen Sie von mir?) fragte ich in gelenkem Frentsch. »Schlafen«, antwortete Celsia poetisch . . . und ihre Haut verfärbte sich hellblau.

Der Chauffeur sprang daraufhin in seinen Citroen und brauste wutschnaubend davon. »Kommen Sie, Monsieur (Herr) Frank!« lispelte Celsia. Die Nachmittagssonne schlüpfte hinter eine entfernte Birkenallee. Am Himmel liefen die weißen Maschen der Düsenjäger der französischen Luftwaffe. Langsam begann auch ich mich auszuziehen. (Möge Dir, lieber Freund, diese kurze Beschreibung etwas Wärme in Deine Villacher Bude bringen!) Mir war wunderbarerweise nicht kalt. Sommer schien es mir plötzlich. Von Celsia ging eine Hitze von ca. 40 Grad Celsius aus. Um uns schmolz der Schnee, und die Erdäpfel begannen zu blühen – da und dort sichtete ich erste Kartoffelkäfer. Schade, daß wir in unseren Briefen noch nie sexuelle Probleme gestreift haben, lieber Heinz. (Ich weiß nicht, ob Du weißt, daß ich schon mehrmals verheiratet war?) Jedenfalls entpuppte sich Celsia Kampl als wahrhafte Königin, nicht nur auf dem Gebiete der Thermometer, sondern auch auf dem glitschigen Terrain der amour (Liebe). Ich sag Dir! Was ich da zwischen den dampfenden Kartoffelstauden durchgemacht habe, ist unbeschreiblich!

Als wir fertig waren, dämmerte es bereits sehr stark. Auch war die Hitze mit einem Mal wie weggeblasen. Mme. (Fr.) Celsias Thermometer (an ihrer Halskette! He!) zeigte −1 Grad. Sie küßte mich und forderte mich auf, trockene Äste zu sammeln. Alsbald hatten wir ein loderndes Feuerchen vor uns, an welchem wir die gleiche angenehme Temperatur wie vorhin genießen konnten. Als wir uns schweigend über den knisternden Ästen in die Augen sahen, wurde ein Motorrad hörbar. Bald sahen wir einen Lichtkegel, sich immer mehr vergrößernd.

(Ab hier wieder Alex, servus inzwischen!)

Lieber Heinrich!

In Paris angekommen, geriet ich in einer Bar in die Gesellschaft eines Grafen von Hanassy-Muller, der mich sogleich auf sein Schloß in Le Havre einlud, auf einen Drink, wie er sagte, und auf eine Partie offenen Pokers. Er mußte leider allzu plötzlich aufbrechen (dringende Liebesaffaire mit einer gewissen Fanny von Liemburg-Mursa!), ich möge abends – seine graue Visitenkarte steckte er mir zu – bei ihm aufkreuzen. Womit ich denn nach Le Havre fahren sollte, wollte ich noch fragen, doch von Hanassy-Muller war schon über alle Berge. Neben mir aber saß ein angetrunkener deutscher Student, der noch großen Durst hatte, der aber – wie's bei Studenten so ist – keinen Pfifferling mehr bei sich hatte. Er fragte mich (als Landesnachbar!), ob er mir etwas pumpen könne, er habe nicht einmal mehr das Benzingeld zum Heimfahren (er wohnte in Heidelberg und war Mitglied einer Burschenschaft!). Er war Motorradbesitzer. Bei seinem Gefährt handelte es sich um eine Matchless Beiwagenmaschine (uralter Kasten!), den ich ihm schließlich für 800 öS abknöpfte. Bald saß ich darauf und rumpelte gen Le Havre. Unterwegs, es dunkelte schon, stieß ich am Rande eines Kartoffelackers auf (ab hier wieder Frank!) . . .

. . . mich. Wir (Celsia & ich) stiegen gleich auf, ich in den Beiwagen, Frau Kampl auf den Rücksitz. Unterwegs hatten wir mehrere Pannen, die, wie ich annehme, auf Alex' allzuforsche Fahrweise zurückzuführen waren. (Gelogen!, Alex.!) Als wir Le Havre erreichten, war es 7 Uhr morgens und neblig. Am Atlantik trieben Eisschollen, Schiffe tuteten romantisch. »Wo ist das Schloß?« war unser aller Frage. Wir parkten unsere Mätschless an einer steilen Klippe und sahen längere Zeit ins milchige Meer hinaus. Wir redeten kein Wort. Außer zwei außergewöhnlich hochgewachsenen Chinesinnen war keine Menschenseele zu erblicken. Das war also Le Havre! Ha! Wir schlenderten die Küste entlang (vorbei am Hafen – ein Welthafen!) und gelangten schließlich auf einen immens spitzen Felsen, von welchem man in alle Richtungen Ausblick hatte. Leider störten Nebelfetzen jeglichen längeren Genuß. Endlich entdeckte Celsia tief unter uns ein schloßähnliches Gebäude. Komisch, aus vielen Schornsteinen und -steinchen quoll wild Rauch. Das Schloß mochte wohl an die sechzig Schlote besitzen. »Das könnte es sein!« Unten angelangt, umkreisten wir viermal das Gebäude, ehe wir die große rote Eingangstür bemerkten. (Wieso hatten wir sie nicht gleich gesehen?) Pochen war sinnlos, die Eisentür schien meterdick. Plötzlich klingelte es und Hanassy-Muller stand im Türrahmen. »Ich klingle immer selbst, wenn Gäste kommen«, begrüßte er uns freundlich. Er trug einen grauen Pyjama. »Kommen Sie schnell, sonst verkühlen wir uns noch«, sagte er und schob uns ins Innere. Wir hatten ein prunkvolles vielzimmeriges Schloß erwartet. Es war aber nur eine einzige riesige Halle vorhanden, die hoch in die steilen Kuppeln und Türmchen des Schlosses aufstieg. Einrichtung im landläufigen Sinn gab es nicht. Viele Öfen standen glühend herum, ansonsten eine Unzahl von Betten, darin Damen und Herren in Nachtgewändern. Manche hatten Umschläge um den Hals, alle schwitzten entsetzlich. Eine Nonne mit bösem, beinah maskulinem Blick wandelte zwischen den Lagern, hob den Patienten die Arme hoch, nahm (ordinäre) Fieberthermometer heraus und verkündete brüllend verschiedene Temperaturen! (Z. B. 37,8 oder 40,4!! oder 42 blank!!) Ein Gestöhn und Gestank war hier, daß es kaum zum Aushalten war!!!

»Leider sind bei uns in Le Havre alle etwas vergrippt«, kommentierte von Hanassy-Muller die traurige Lage. Alex meinte bezügl. Th.: »Durchschnittsware! Gar nicht hinschaun!« Dann rief er: »Ich dachte, wir pokern!« Beim Wort Pokern sprangen alle Kranken (etwa 90), wie von der Tarantel gestochen, aus ihren Schwitzbetten. Dampfwolken stiegen auf. »Wir pokern! Okay!« lachten sie und schienen mit einem Mal kerngesund. Ihren Gesichtern aber sah man hohe Fiebertemperaturen an. »Meine Damen! Meine Herren!« gemahnte von Hanassy-Muller auf deutsch. Doch die Kranken hatten schon alle Betten zusammengeschoben und luden uns ein, auch in die »Bettenburg« zu springen. All das, lieber Freund, war ein wenig unappetitlich. Von Hanassy-Muller resignierte. Er rief nur noch: »Aber bitte! Diejenigen, welche Umschläge tragen, dürfen dieselben nicht ablegen!!« – »Jawohl«, kam es vereinzelt auf deutsch.

Trubcock humpelte zum Fenster seines Krankenzimmers hinüber. Er blickte auf die Welt draußen hinab. Nichts hatte sich verändert.

*Glen Baxter*

»Sind alles Österreicher, vornehmlich Vorarlberger«, meinte v. H.-M. und deutete auf die »Bettenburg«. Die Nonne brachte eine große Kiste voller Spielkarten. »Wir spielen in einer einzigen großen Runde! Nur keine Splittergruppen!« hörte ich Alex rufen. Er wurde heftigst beklatscht. »Haben Sie genügend Bargeld bei sich?« fragte er streng. »Das Papiergeld der Patienten haben wir verheizt«, meinte von Hanassy-Muller leicht verlegen. »Es sind jedoch noch einige tausend Dollar Hartgeld vorhanden. Hol sie, Leo!« schrie er die Nonne an. Auf der »Bettenburg« türmten sich jetzt die Österreicher und die Karten, etwas später auch das Hartgeld, welches sackweise (die Patienten hatten es Hanassy-Muller abgeliefert) von Leo, der Nonne, herbeigeschafft wurde. Celsia und ich, wir spielten nicht mit. Während die 90 Kranken Alex eine harte Partie lieferten, gingen wir im Saal umher und untersuchten die herumliegenden, teils zerbrochenen Thermometer. Es waren, wie Alex mit einem flüchtigen Blick festgestellt hatte, nur gewöhnliche Ausführungen. Celsia aber fand plötzlich ein ganz kleines, etwa 2 cm langes rotes Thermometerchen. In kleinsten Goldbuchstaben, kaum mit freiem Auge entzifferbar, stand darauf geschrieben: Canca (Brasilien). Wem es wohl gehörte?

Ich rief von Hanassy-Muller herbei und fragte ihn. »Das ist sicherlich das Thermometer von Kapitän Ochs«, (sein Spitzname – wie er wirklich hieß, wußte niemand!).

Ich überblickte die stattliche Pokerrunde. Alles schien vom Spielgeschehen beansprucht, nur zwei sehr alte, bärtige und besonders fiebernde Herren schielten zuweilen zu uns herüber.

»Ist das der Kapitän Ochs?« ich zeigte auf den einen.

»Das . . . und das«, antwortete von Hanassy-Muller und wies dabei auch auf den anderen, der zu uns herlugte.

»Es gibt zwei Kapitäne Ochs?«

»Nein, nur einen. Er hat zwar zwei Körper, aber nur einen Geist. Das sind die Auswüchse dieser Grippe! Sehen Sie, sein zweiter Körper sieht dem ersten zwar überhaupt nicht ähnlich, doch die Bewegungen sind genau dieselben! Wenn ich ihn rufe, kommen beide Leiber her, und zwar im Abstand von genau 3,5 m!«

»Sie sprechen von mir?« kam es zweistimmig von der »Bettenburg«. Die beiden Körper des Kapitäns Ochs erhoben sich und traten auf uns zu.

Ich begrüßte beide. Die Zweistimmigkeit verwirrte mich ein wenig.

»Wollen Sie auch mit nach Canca? Canca ist gefährlich, Junger Mann!« sagte der Sprechchor ohne abzusetzen. »Ich steche morgen um sechs, drei Kilometer nördlich von hier, in See. Momentan habe ich insgesamt 82 Grad Fieber.«

Natürlich, lieber Heinz, nahm ich die Einladung postwendend an und schlug zweifach ein. Ich stand nämlich plötzlich genau *zwischen* dem Capitano, sein rauhes Seebärengelächter dröhnte mir stereo in den Ohren.

»Er fährt mit! Er ist mutig, der Mister aus Graz! Hahahahahaha!« verkündete Ochs.

»Wieder einer mehr«, kam es mürrisch von der Bettenburg, »wir sind sowieso schon so viele!«

»Wir werden gleich eine harte Auswahl treffen!« brüllte Ochs. »Aufs Dach!«

Von Hanassy-Muller schien äußerst erregt. »Bitte nicht, lieber Ochs! Deine Auslesen kennen wir, die haben uns neulich erst vierzig Todesopfer beschert!«

»Aufs Dach! Alle!«

Ochs blieb unbeugsam. Gewaltsam riß er die ersten von der »Bettenburg«, die anderen folgten freiwillig.

»Er ist ein Scheusal«, flüsterte mir von Hanassy-Muller zu. »Es werden alle sterben.«

Langsam wurde mir mulmig zumute. Die dampfenden Österreicher trieb nun der doppelte Kapitän eine steile Eisenleiter empor.

»Kommen Sie nur mit! Sie auch!« befahl Ochs mir und Alex.

Zögernd kletterten wir nach. Ein grauer Ausblick vom Dach. In einem Wald von Rauchfängen trieben sich frierend und ängstlich die Vergrippten herum.

»Leo! Verlies die Startnummern!« rief Ochs im Chor. Nun stell Dir vor, alter Freund, da verlas das stämmige Nönnlein einfach die vorhin gemessenen Fiebertemperaturen. Der mit der niedrigsten Temperatur (ein gewisser Dr. Riccabona aus Feldkirch) war der erste. »Flieg, Doktorchen!« lachte brutal der Kapitän. Herr Riccabona begann rasch seine Arme auf- und abzuschwingen. Immer schneller. Aber er hob nicht ab.

»Ich kann heute nicht, Chef«, war seine traurige Antwort. Ochs geriet in Wut, stürzte auf Riccabona zu und drängte ihn vom Dachfirst. Was sagst Du!!? Fröhlich flatterte nun der Doktor wie eine Libelle über dem Abgrund. Alex und ich, wir waren nicht schlecht erstaunt.

Nun machten sich auch die übrigen 89 startbereit. Sie hüpften auf dem Dache herum, massierten einander, flatterten oder (die Feiglinge!) brachten bei Ochs Entschuldigungen vor, warum und weshalb sie nicht starten könnten. Doch der Capitano war unbarmherzig. Jeder wurde der Reihe nach an die Dachrinne geschoben, doch nicht jeder unterzog sich der haarsträubenden Elektion mit soviel Geschick wie der Doktor Riccabona. Etwa die Hälfte der Prüflinge stürzte in die Tiefe.

Jedesmal, wenn einer hinabsauste, lachte Leo, die Nonne, und strich den Namen des Gefallenen auf seiner Fieberliste aus. Auch von Hanassy-Muller war unter den Todesopfern. Als er nach kurzem Flug in die Tiefe sauste, schüttelte sich der Kapitän Ochs vor Lachen: »Endlich, daß der Hund hin ist! Hahahahahaha!« Nun aber kam die Reihe an Alex und an mich.

Zuerst, das kannst Du Dir ja vorstellen, stellten wir uns taub und dumm. Aber Ochs drückte Alex und mich über die Dachrinne! War das ein Gefühl!

Natürlich konnten wir beide nicht fliegen, Hals über Kopf zischten wir in die Tiefe! Selbstverständlich waren *wir* nicht tot! Sonst würden wir Dir jetzt nicht schreiben! Wir waren beide so günstig (auf den federnden Leichenberg der 45 Nichtflieger) aufgefallen, daß uns kein Härchen gekrümmt wurde. Im Gegenteil! Die rassige Luftfahrt hatte uns nur erfrischt, unsere Lungen waren vom Dampf der Fiebernden und vom Rauch, der beim Pokern gepafft worden war, ohnehin schon angegriffen. Als wir lachend auf den Kapitän zuschritten, meinte dieser mit verschmitztem Lächeln: »Zwar sind Sie disqualifiziert, aber ich will noch einmal ein Auge zudrücken!« (Dabei drückte er drei seiner Augen zu! Das vierte, ein Glasauge, kann er nicht mehr schließen, wie er behauptet.)

In der Luft über uns flog Madame Celsia Kampl von Leo, der Nonne, begleitet. Beide schienen zu glühen und im weißgrauen Himmel hinterließen sie orangefarbene Kreise und Bögen!! Das war direkt malerisch! Sogar der Kapitän sagte: »Nach all der Pfuscherei von vorhin sieht man so etwas wieder ganz gern.«

Dann setzte er selbst von der Erde ab, doch er flatterte (äußerst ungelenk – wie ein halbzertretener Maikäfer) nur mit dem einen Körper um den anderen herum. Als er gleich wieder aufsetzte und zu Sturz kam, lächelte er äußerst verlegen.

So einer ist das also! dachte ich mir insgeheim. Dennoch aber war Kapitän Ochs gegenüber noch immer gewisse Vorsicht geboten. Er war launisch und jähzornig, er war liebenswürdig und entschlossen. Was wirklich in diesen beiden, 3,5 m voneinander entfernten (und doch verketteten!) Körpern vor sich ging, blieb und bleibt immer schleierhaft. So zum Beispiel verlief unsere Überfahrt nicht gerade gemütlich. Ochs entschloß sich nämlich eine Stunde vor der geplanten Abreise, weder mich und Alex noch die restlichen 45 grippekranken Österreicher (deren Oberhaupt anscheinend der beim Fliegen verunglückte von Hanassy-Muller gewesen war!) mitzunehmen. Einzig Celsia wurde zur Überfahrt eingeladen. Und, stell Dir vor, (so sind die Weibsbilder!) sie nahm an, ohne mit der Wimper zu zucken und ohne für uns ein gutes Wort einzulegen. Ja, sie war es sogar, die uns regelrecht versetzte! Wenn uns nicht Leo, das erzürnte Nönnlein, rechtzeitig auf Ochsens und Celsias Spur gehetzt hätte, säßen wir jetzt nicht mehr hier. Als wir zu dritt des abends die kleine Meeresbucht »Olé« erreichten, dampften schon die Schlote der Jacht. »Ich fliege, Sie schwimmen!« erklärte Leo ... und erhob sich in die Lüfte. Fliegen schon, aber schwimmen? dachten wir. Alex versuchte, immer wieder aufspringend und die Arme sausen lassend, sich vom Boden abzuheben, doch vergebens. Wieso sollte er auch plötzlich fliegen können, nicht wahr? Aber was versucht der Mensch nicht für unmögliche Sachen in seiner Verzweiflung. Bei minus 26 Grad!

Glücklicherweise entdeckten wir eine robuste Eisscholle, auf der wir dann (mit den nackten Händen!) zur Jacht des Kapitäns Ochs hinüberruderten. Ein seltsames Schiff. Es war nämlich sowohl ein Schlot, als auch ein riesiges Segel und ein Rad, wie man es von den Mississippidampfern her kennt, vorhanden. Halb erfroren kletterten wir auf Deck und stellten uns händereibend an den heißen Schlot. Auf Deck tummelten sich viele Matrosen, die silbernes Gewand trugen. Doch, was sagst Du, niemand nahm Notiz von uns. Einer streifte mich sogar im Vorbeigehen, aber er sagte nichts. Auf einmal ertönten aus mehreren Lautsprechern die Stimmen des Kapitäns Ochs. Er rief alle seine braven Mannen, wie er sie nannte, auf die Posten; und wenige Augenblicke später sausten wir mit einer riesenhaften Bugwelle ins offene Meer hinaus. Dann stand Celsia Kampl vor uns. Freundlich (dieses Luder!), als wäre nicht die Bohne geschehen, forderte sie uns auf, in die Luxuskabine des Capitano mitzukommen, Leo sei auch schon dort. Und wirklich, Leo saß bereits in einem fellbeschlagenen Fauteuil und hatte sein Nonnenkäppchen abgelegt. Jetzt sah ich zum erstenmal, daß er (sie?) rote Haare hatte. Sind Dir, lieber Heinzi, rothaarige Menschen auch so zuwider wie mir??? Der Capitano saß mit dem einen Körper in einem Großvaterstuhl, nur mit einer hypermodernen Badehose bekleidet, mit dem anderen in silbergrauer Uniform im Leitstand, genau 3,5 m von sich entfernt. »Ich habe Sie sowieso erwartet, verehrte, hochgeschätzte Herren«, er drehte beide Köpfe zu uns her. »Nehmen Sie Platz und trinken Sie einen Schluck!« Celsia servierte uns eine braune Flüssigkeit, die nicht gerade vorzüglich mundete. Wir erfuhren, daß es feinst zerstampfte Linsen waren, die Ochs mit Limonade vermischt hatte. Immerhin ein recht originelles Gesöff! Du kannst es ja einmal probieren! Laß Dir von deiner Dulcinea einmal so was brauen! Es wirkt Wunder! Man hat danach herrliche Geräusch- und Seh-Halluzinationen! Ich zum Beispiel fühlte mich nach Graz zurückversetzt. Das einzige, was blieb, war das Meer. Natürlich war alles recht unordentlich und regelrecht vermischt. Ich sah die Herrengasse mit der Bürgergasse vereint, und zwar so, daß die rechte Seite der Bürgergasse die linke Seite der neuen Straße war! Und das Meer plätscherte murmelnd darüber hinweg. Die Straßenbahnen standen bis zu den Fenstern im Wasser. Ich sah den Kapitän Ochs, der sich mit jedem Schritt veränderte. Immer hatte er ein neues, gut bekanntes Gesicht. Einmal war er Alex, einmal meine Frau, dann wieder Celsia, dann der Taxichauffeur von Paris, dann wieder der und der. Die silbernen Matrosen wurden zu Vögeln und zwitscherten und zischten (seltsamerweise) vor allem durch Zimmer und Küchen. Ich sah meinen alten (mittlerweile natürlich verstorbenen!) Deutschprofessor mit einem Dolch durch die Stadt rennen. Immer wieder schrie er: »Ich bring mich um, Leo!« Auch Leo sah ich. Er (sie) gab im Grazer Dom einen Ball, an dem nur Geistliche und einige Lokalgrößen des steirischen Sports beteiligt waren. So tanzte zum Beispiel der Erzbischof mit ASKÖ-Tischtennismeisterin Helene Rippschläger. Nonnen twisteten mit dem Kugelstoßer Pötsch oder mit dem Eishockeytormann Hermann Puck. Die Musik kam natürlich irgendwo vom Meer her. Plötzlich aber erstarrte der Ball und der Erzbischof sagte, daß man Bill Haley erwarte, der ein Abgesandter des Marineministeriums sei, diesen Beruf aber verleugne. Dann verlagerte sich alles auf eine Baustelle, auf der eine Seilbahn, die auf eine Brücke führt, in Arbeit war. Hier sah ich wieder Celsia Kampl, wie sie mich mit Alex und Ulf (mit welchem???) betrog. Dann schwamm ich wieder im Meer, kraulte durch die Buchhandlung Leuschner & Lubensky, wo mich der Erzbischof mit einer Stoppuhr erwartete.

»Ach so, nicht der Bill Haley«, sagte er enttäuscht. Die Turmuhr – welche, weiß ich nicht mehr, jedenfalls kam sie mir bekannt vor, saß nicht an der Turmspitze, sondern am Ende eines riesigen Thermometers, dessen Quecksilbersäule an eine Glocke stieß. »Das ist unser Thermometer!!« schrie ich, doch gleich kamen die Matrosen des Capitano und nahmen mich mit der Bemerkung fest: »Aha, das ist der Blaubart Föhne!«

Und dergleichen Blödsinn mehr flimmerte und rauschte in meinem Kopf herum. Wie angenehm und billig lesen sich dagegen Deine Träume (Fanny, Waldlichtung, Thermometer, basta!)!

Als ich aus diesem Zustand erwachte, waren wir schon in Rio! Copacabana leuchtete uns fantastisch ins Gesicht!!

Dies für heute, lieber Heinzi, über unsere Canca-Pläne muß ich momentan noch schweigen! Bald mehr!

Dein weitgereister
Frank


P. S. Die Matrosen des Kapitäns waren Blinde. Als wir ankamen, mußten sie auf Deck bleiben. Ochs sagte mir, daß sie, wenn er an Land geht, auf dem Schiff tagelang Verstecken spielen.

## Die Höhe, die Tiefe

An die Höhe oder Tiefe – an die altitudo – kann man sich gewöhnen. Sie ist außerdem unberechenbar und launisch, zum Beispiel beim Fliegen. Ich bin nicht oft in meinem Leben mit dem Flugzeug geflogen. Meine Großmutter pflegt zu sagen, daß sie nie in ihrem Leben einen Fuß in so eine Maschine gesetzt habe und dennoch inzwischen über achtzig Jahre alt geworden sei. Mein Großvater allerdings habe einmal versucht – zu Zeiten, wo sie beide noch gereist seien – in Wien, wo sie eine Schwester der Großmutter für einige Tage besucht hatten, die mit einem der legendären Dienstmänner Wiens, einem gewissen Herrn von Derendinger, verheiratet war, die Großmutter dazu zu verleiten, für die Rückreise statt des Zuges ein Flugzeug zu benutzen. Auch die Schwester, Frau von Derendinger, habe abgeraten. Außerdem sei der Großvater ein notorischer Verschwender, und man habe ja seine Verschwendungssucht nicht unbedingt auch noch unterstützen müssen. Selbstverständlich habe man dann doch den Zug genommen. Es hinderte meinen Großvater nicht daran, oft, sogar noch in der Zeit, an die ich mich erinnere, von dem Flug zu schwärmen, den er beinahe unternommen hätte.

[. . .]

Ab und zu hat sich für mich die Gelegenheit ergeben zu fliegen, aber sehr selten. Einmal *mußte* ich sogar das Flugzeug benutzen, weil ich mich gerade in Stockholm befand und dort länger blieb in Erwartung eines Auftrags, so daß ich anders als auf dem Flugweg nicht mehr rechtzeitig zum Namenstag meiner Großmutter bei ihr gewesen wäre. Ich habe ihr das allerdings verschwiegen.

Abgesehen vom Starten und Landen, wo – wenigstens mir geht das so – man kaum Gelegenheit hat, zum Fenster hinauszuschauen, weil man ausschließlich mit der Angst beschäftigt ist, das Flugzeug könnte abstürzen (fast alle Abstürze, habe ich gelesen, ereignen sich während des Startens oder Landens), abgesehen davon fliegt man im allgemeinen so hoch, daß die Entfernung von der Erde unwirklich wird. Man nimmt die Entfernung von der Erde nicht mehr richtig wahr. Die Höhe oder Tiefe, die unberechenbare altitudo, ist *zu* groß für die Angst geworden. Den Punkt, wo man unten aufprallen könnte, können wir nicht mehr sehen. Das Band der Angst, das sich über die altitudo zu uns herauf spannt, ist zu weit gedehnt worden, hat die Abstraktion nicht ausgehalten, ist gerissen. Die Angst vor der altitudo ist nur wirklich, wenn der Punkt des möglichen Aufpralls sichtbar ist. Vom Flugzeug aus entfaltet sich da unten nur eine Landkarte, keine harte Erde. Der kritische Punkt für die altitudo liegt viel tiefer als ein Flugzeug fliegt, bei zehn, zwanzig Metern.

Das Hotel in Paris hatte vierundsechzig oder sogar siebenundsechzig Stockwerke. Ich sage absichtlich nicht, daß das Hotel hundertvierundsechzig oder hundertsiebenundsechzig Stockwerke gehabt hat, denn ich möchte nicht übertreiben. Es könnte aber sein, daß das Hotel sogar hundertvierundsechzig oder hundertsiebenundsechzig Stockwerke gehabt hat. Ich war viel zu erregt, um die Zahlen neben den Knöpfen im Lift zu lesen.

Der Zug des Bandes war selbst im Lift, der sich innen, im sicheren Kern des Hauses befand, so stark, daß ich spürte, wie der Lift mit der Zeit langsamer fuhr, weil mich das ungeheuer gespannte Band der Angst nach unten, zum Punkt des Aufpralls zog. Das Band war endlich so gespannt, daß das Haus nicht mehr anders konnte als sich zu biegen. Als wir ausstiegen, hatte sich der Korridor nach außen hin gesenkt. Ich vermute, daß das Hotel oben pilzförmig auseinanderging, verzerrt vom Band der Angst, das mich festhielt. Aber noch fühlte ich mich einigermaßen sicher. Selbst wenn ich nach einem unvorsichtigen Schritt hätte hinfallen sollen und hinunterrollen, wäre eine Wand dagewesen, die mich aufgehalten hätte. Aber die Wände waren dünn.

Der Großvater ging in tiefen Gedanken. Er spürte offenbar das Band nicht. Der Neger, der den Koffer des Großvaters trug (ich hatte ja nicht mehr Gelegenheit gehabt, Gepäck mitzunehmen), war vermutlich an die altitudo gewöhnt. Man kann sich daran gewöhnen. Ich habe einmal in einem Hochhaus im fünfzehnten Stock gewohnt. Schon nach wenigen Tagen hatte ich bemerkt, daß die Stahlsehne, die mich bis dahin ständig über den Balkon hinausschnellen lassen und hinunterziehen wollte, nachließ. Die Sehne ermüdete. Mit der Zeit richtete sie sich auf die altitudo vom fünfzehnten Stock ein, erschlaffte förmlich, und nach einigen Wochen konnte ich gefahrlos auf den Balkon treten, konnte mich nach einigen Monaten sogar auf das Geländer des Balkons setzen. Als ich nach einem Jahr wieder aus dieser Wohnung auszog (die Wohnung war teuer, die Aufträge, die ich damals in Aussicht hatte, auf die hin ich die Wohnung mietete, blieben aus), regenerierte sich die Stahlsehne, schneller, als sie seinerzeit abgestumpft war.

Vielleicht hatte dieser Neger, der die Gäste im obersten Stockwerk bediente, überhaupt keine Stahlsehne mehr oder hatte sie von Natur aus nicht, wie Angehörige gewisser Indianerstämme, von denen ich gelesen habe, die den Amerikanern die Gerüste der Hochhäuser bauen.

Als wir das Zimmer betraten, neigte sich der Fußboden wie ein dünner Ast, auf dem man sitzt. Der Großvater ging auf den Balkon. Das Geländer war kein Schutz mehr, denn der Fußboden des Balkons hatte sich soweit gesenkt, daß er praktisch schon senkrecht war, das Geländer wie ein schmales Bord waagerecht nach außen stand. Durch die Gewalt der Stahlsehne begann sich das Hotel leise zu wiegen oder vielmehr wiegend zu drehen. Mitten unter den unendlich kleinen Automobilen, deren Lärm durch das weiße Summen der altitudo nicht zu uns heraufdringen konnte, rasten die senkrechten Perspektiven auf den roten Punkt zu, an dem ich aufs Pflaster aufprallen würde.

»Merkwürdig«, sagte mein Großvater, »daß sie in einem modernen Gebäude, das praktisch nur aus Glas und Beton besteht, altmodische Wäschetrockenleinen vor den Balkonen angebracht haben. Schau her!«

Er war an das Geländer getreten und schaute hinunter.

»Dabei«, sagte er, »ist es gar nicht gestattet, im Zimmer Wäsche zu waschen, habe ich auf dem Zettel an der Tür gelesen.«

»Kannst du französisch lesen?« preßte ich hervor.

Der Großvater beugte sich über das Geländer. Die Krümmung der Erde war von dieser Höhe aus wahrzunehmen.

Es hing nirgends Wäsche, soweit man hinunter sehen konnte, obwohl überall, hinunter und hinunter, Wäschetrockenleinen an den Balkonen angebracht waren.

Weiter unten verschwammen allerdings die Einzelheiten perspektivisch. Es waren vier Wäscheleinen, wahrscheinlich feste Leinen, innen vielleicht sogar aus Draht, dann mit Kunststoff umgossen. Die Konstruktion war an allen Balkonen gleich: links und rechts außen ragte eine Stange hinaus mit vier Löchern, links innen war der Anfang der Leine verknüpft, nach rechts durch das erste Loch rechts gezogen, über das zweite Loch rechts wieder nach links und so weiter, bis links außen am äußersten Loch die Leine wieder verknüpft war.

»Ich rechne damit«, sagte der Großvater, »daß bis untenhin durch alle Stockwerke solche Wäschetrockner hängen. Dann kann nichts passieren. Die Stockwerke sind so niedrig, daß man sich ohne Gefahr von einer Wäscheleine in die andere wie in ein Netz fallen lassen kann.« Er rüttelte an den Stäben, zog an der Leine. »Es ist stabil genug.« Er stieg hinaus.

Die Stahlsehne riß an mir, daß ich den Halt verlor. Ich klammerte mich an die innerste Leine. Der Großvater war schon ein Stockwerk tiefer. »Es schaut nur so aus«, rief er herauf, »als ob die Front des Hotels überhängen würde. Das macht nur die Perspektive.«

Ich wälzte mich zum Lift. Der Großvater war schon zwei Stockwerke tiefer. Er lag ausgestreckt auf den Leinen; die Leinen hingen durch, die Stangen links und rechts federten. Es kam ein Lift. Der Neger war nicht mehr da. Der Großvater hing an den federnden Leinen und versuchte, mit den Füßen die Leinen des nächst unteren Stockwerks zu erreichen. Der Lift fuhr aber nicht nach unten, der Lift fuhr nach oben. Ich hatte gedacht, wir wären schon im obersten Stockwerk, aber der Lift fuhr weiter nach oben. Die Tür des Lifts öffnete sich. Eine weite spiegelnde Stahldachplatte wölbte sich nach unten. Es war, als stünde ich auf einer polierten Kugel. Ich preßte mich in den Lift zurück, in dem ich das Vibrieren meiner Stahlsehne hörte. Der Großvater war schon zehn oder elf Stockwerke hinuntergeturnt. Er hatte noch gut hundertfünfzig vor sich.

»Wenn im ersten Stock, wo keine Zimmer sind, sondern die Speisesäle«, schrie er herauf, »*keine* Wäscheleinen angebracht sind, dann muß ich vom zweiten Stock hinunterspringen. Sag ihnen, sie sollen ein paar Matratzen hinlegen. Ich zahle alles . . .«

Ich rutschte nach außen über den Rand des gewölbten Dachs. Das Band riß. Ich flog. Die altitudo erwärmte sich. Wie unberechenbar war sie. Ich schwebte auf der altitudo wie auf einem Kissen. Ich liebte die altitudo. Vögel können ohne die altitudo nicht leben. Der Großvater lag erschöpft zwanzig oder dreißig Stockwerke tiefer auf den Leinen. Es war mir klar, daß er seine Kräfte überschätzt hatte. Rasch stieg ich ihm nach.

Ich bin größer als er, ich brauchte mich kaum frei fallen lassen.

Ich war schnell bei ihm.

»Hinunter sind es noch hundertvierzig Stockwerke. Wenn auch der Weg hinauf mühsamer ist, so ist er doch um das Siebenfache kürzer.«

Der Großvater nickte. Ich stellte mich auf die Leinen, der Großvater kletterte an mir hoch, reckte sich, auf meinen Schultern stehend, nach oben, zog sich hinauf, reichte mir dann die Hände, so daß ich mich ihm nachschwingen konnte. Wir mußten oft ausruhen. Zum Glück wurden die Stockwerke nach oben niedriger. Ich konnte zum Schluß den Großvater, wenn auch mit Mühe, hinaufheben.

»Wir werden«, sagte er, als wir oben waren – seine Stimme versagte fast –, »doch ein Zimmer weiter unten beziehen.«

So endete meine Reise mit dem Großvater von Köln nach Paris damit, daß wir ein Zimmer im zwanzigsten oder dreißigsten Stock bezogen. Wir saßen auf den Betten und schauten durch das Fenster nach Westen, wo die Sonne hinter der gekrümmten Erde unterging.

# Wissenswertes aus der Welt der Menschen

> Der Berufsgrübler Tranchirer setzte die
> Worte in fast verderbenbringender Weise
> zusammen, ohne sich um die Nerven der
> Leser zu kümmern. Wissenschaftlicher
> Ernst liegt in diesem Verfahren nicht.
>
> Ror Wolf, *Tranchirers letzte Gedanken*

FLANN O'BRIEN

## Fahrräder

Uns nobel in den Hüften wiegend, gingen wir heim-
wärts durch den Nachmittag, welchen wir mit dem
Rauch unserer Zigaretten beizten. Ich überlegte, daß wir
uns mit Sicherheit auf den Feldern und Marschen ver-
laufen hätten, wäre die Straße nicht gewesen, die beflis-
sen vor uns her zur Revierwache zurückstrebte. Der Sergeant sog geruhsam an seinen Zahnstummeln, und auf
der Braue trug er einen schwarzen Schatten wie einen
Hut.

Im Dahinschreiten wandte er sich nach einiger Zeit an
mich.

»Das Landratsamt trägt die Schuld an vielem«, sagte
er.

Ich verstand nicht, was er meinte, sagte aber, ich sei
ganz seiner Ansicht.

»Da gibt es ein Rätsel«, bemerkte ich, »das mich im

Hinterkopf schmerzt und mir einige Neugier verursacht. Es geht um das Fahrrad. Ich hatte noch nie von so guter kriminalistischer Arbeit gehört. Sie haben nicht nur das verlorene Fahrrad gefunden, sondern auch alle Indizien. Ich finde es in zunehmendem Maße anstrengend, das zu glauben, was ich sehe, und gelegentlich habe ich Angst, manche Dinge anzusehen – für den Fall, daß ich sie glauben müßte. Was ist das Geheimnis Ihrer polizeilichen Virtuosität?«

Er belachte meine ernste Anfrage und bedachte meine Einfalt kopfschüttelnd mit umfassender Nachsicht.

»Das war doch leicht«, sagte er.

»Wieso leicht?«

»Auch ohne die Indizien wäre es mir geglückt, das Fahrrad schlußendlich zu finden.«

»Diese Leichtigkeit scheint mir besonders schwierig«, erwiderte ich. »Wußten Sie, wo das Fahrrad war?«

»Ei freilich.«

»Woher?«

»Ich hatte es selbst dorthin getan.«

»Sie haben das Fahrrad selbst gestohlen?«

»Gewiß.«

»Und die Luftpumpe und die anderen Indizien?«

»Ich habe sie ebenfalls dorthin getan, wo sie letzten Endes entdeckt wurden.«

»Und warum?«

Er antwortete nicht mit Worten, sondern ging ein Weilchen heftig ausschreitend neben mir her und blickte vor sich hin in weite Fernen.

»Das Landratsamt ist der Schuldige«, sagte er schließlich.

Ich sagte nichts, weil ich wußte, daß er das Landratsamt desto ausführlicher schmähen würde, je länger ich ihm Zeit ließ, die Schmähung sorgfältig zu bedenken. Bald wandte er sich mir wieder zu, um zu reden. Seine Miene war ernst.

»Haben Sie jemals die Atom-Theorie entdeckt oder von ihr gehört?« befragte er mich.

»Nein«, antwortete ich.

Er beugte seinen Mund vertraulich an mein Ohr.

»Würde es Sie in Erstaunen versetzen, wenn Sie erführen«, sagte er dunkel, »daß die Atom-Theorie in dieser Gemeinde am Werk ist?«

»Das würde es allerdings.«

»Sie richtet namenlosen Schaden an«, fuhr er fort. »Die Hälfte der Bevölkerung ist davon befallen, und es ist schlimmer als die schwarzen Blattern.«

Ich hielt es für besser, *irgend* etwas zu sagen.

»Wäre es nicht ratsam«, sagte ich, »das Gesundheitsamt mit diesem Fall zu betrauen, oder die Lehrer, oder finden Sie, es geht eher die Haushaltungsvorstände an?«

»Das Wesentliche, der springende Punkt und das, worauf es ankommt«, sagte der Sergeant, »ist das Landratsamt.«

Er ging weiter und sah besorgt und zerstreut drein, so, als sei das, was er in seinem Kopf bewegte, auf besonders verzwickte Weise unerfreulich.

»Die Atom-Theorie«, versetzte ich, »ist mir überhaupt nicht klar.«

»Michael Gilhaney«, sagte der Sergeant, »ist das Beispiel für einen Mann, der durch das Prinzip der Atom-Theorie dem nahezu völligen Ruin verfallen ist. Würde es Sie erstaunen, wenn Sie hörten, daß er fast zur Hälfte ein Fahrrad ist?«

»Das würde es unbedingt«, sagte ich.

»Michael Gilhaney«, sagte der Sergeant, »ist nach einfacher Berechnung etwa sechzig Jahre alt, und ich sollte mich schon sehr in ihm täuschen, wenn er weniger als fünfunddreißig Jahre damit verbracht hätte, mit seinem Fahrrad über die steinigen Feldwege und die Hügel hinauf und herunter und in die tiefen Straßengräben zu fahren, wenn sich die Straße unter der Last des Winters verliert. Ständig ist er zu jeder Stunde des Tages mit seinem Fahrrad unterwegs und fährt hierhin oder dorthin, und zu jeder zweiten Stunde des Tages kommt er mit seinem Fahrrad wieder von hierher oder dorther zurück. Wenn ihm nicht jeden Montag das Fahrrad gestohlen würde, hätte er es bestimmt schon mehr als zur Hälfte geschafft.«

»Was zur Hälfte?«

»Zur Hälfte ein Fahrrad zu sein«, sagte der Sergeant.

»Ihre Rede«, sagte ich, »speist sich sicherlich aus großer Weisheit, denn ich verstehe kein einziges Wort.«

»Haben Sie denn als junger Bursch nie die Atomphysik studiert?« fragte der Sergeant und betrachtete mich forschend und erstaunt.

»Nein«, antwortete ich.

»Das ist eine schwerwiegende Unterlassung«, sagte er, »ich werde Ihnen trotzdem eine Ahnung davon vermitteln. Alles besteht aus kleinen Partikeln seiner selbst, und diese fliegen in konzentrischen Kreisen herum und im Bogen und in Segmenten und in unzähligen anderen geometrischen Figuren, die so zahlreich sind, daß man sie gar nicht kollektiv erwähnen kann, und diese stehen nie still oder ruhen sich mal aus, nein, sie trudeln vor sich hin und flitzen mal hier-, mal dahin und gleich wieder zurück, immer auf Achse. Diese kleinwinzigen Herrschaften nennt man Atome. Können Sie mir scharfsinnig folgen?«

»Ja.«

»Sie sind so lebhaft wie zwanzig Kobolde, die auf einem Grabstein Reigen tanzen.«

*Ein sehr hübsches Bild*, murmelte Joe.

»Nun nehmen wir mal ein Schaf an«, sagte der Sergeant. »Was ist ein Schaf anderes als Millionen von kleinen schafsmäßigen Teilen, die umherwirbeln und im Innern des Schafs verzwickte Konvolutionen ausführen? Was bitte?«

»Das müßte das Tier doch schwindlig machen«, gab ich zu bedenken, »besonders, wenn das Wirbeln auch im Kopf stattfindet.«

Der Sergeant bedachte mich mit einem Blick, den er selber, da bin ich gewiß, als einen Blick des *non-possum* und *noli-me-tangere* bezeichnet hätte.

»Diese Bemerkung darf man billigerweise als Blech bezeichnen«, sagte er scharf, »weil nämlich die Nervenstränge und der Schafskopf ebenfalls wirbeln, und deswegen hebt ein Wirbel den anderen auf, und bitteschön, da haben Sie's schon – so, wie man einen Bruch kürzt, wenn über und unter dem Strich Fünfer vorkommen.«

»Um ehrlich zu sein: Darauf bin ich nicht gekommen«, sagte ich.

»Die Atomik ist ein sehr verzwicktes Theorem, und man kann ihr mit Hilfe der Algebra beikommen, man muß dabei aber graduell vorgehen, denn sonst kann es passieren, daß man die ganze Nacht damit verbringt, einen kleinen Teil davon mit Rechenschiebern und Kosinen und anderen ähnlichen Instrumenten zu beweisen, ohne zum Schluß an das zu glauben, was man bewiesen hat. Wenn das nämlich passierte, müßte man es zurückverfolgen, bis man die Stelle gefunden hat, an der man seine eigenen Fakten und Ziffern, so, wie sie in der *Alge-*

*bra* von Hall und Knight dargelegt sind, wieder glauben kann, und von dort aus müßte man sich wieder zu der betreffenden Stelle vorarbeiten, bis man das Ganze anständig glaubt und nicht Teile nur halb geglaubt werden oder ein Zweifel im Kopf zurückbleibt, der einen plagen würde wie ein im Bett verlorengegangener Hemdknopf.«

»Sehr wahr«, sagte ich.

»Daher und infolgedessen«, fuhr er fort, »können Sie getrost folgern, daß auch Sie aus Atomen hergestellt sind, und dasselbe gilt auch für Ihre Hosentasche und den Schoß Ihres Hemdes und das Instrument, das Sie zur Entfernung von Speiseresten aus der Krümmung Ihres hohlen Zahnes verwenden. Wissen Sie, was geschieht, wenn Sie mit einem guten Vorschlaghammer oder einem stumpfen Gegenstand auf eine Eisenstange schlagen?«

»Was?«

»Durch die Wucht des Schlages werden die Atome auf den Grund der Stange getrieben und zusammengedrückt und versammeln sich wie Eier unter einer guten Brüthenne. Nach einem Weilchen im Laufe der Zeit schwimmen sie herum und kommen schließlich wieder dorthin, wo sie waren. Wenn man aber lange und heftig genug auf die Stange einschlägt, haben sie dazu keine Gelegenheit, und was passiert dann?«

»Das ist eine schwere Frage.«

»Fragen Sie einen Schmied, und er wird Ihnen sagen, daß die Stange sich mählich auflöst, wenn man lange genug mit den kräftigen Hieben fortfährt. Einige Atome der Stange werden in den Hammer gehen und die andere Hälfte in den Tisch oder in den Stein oder in den jeweiligen Artikel, der sich unter der Stange befindet.«

»Das ist wohlbekannt«, sagte ich.

»Das Brutto- und Nettoresultat davon ist, daß die Persönlichkeit von Menschen, die die meiste Zeit ihres natürlichen Lebens damit verbringen, die steinigen Feldwege dieser Gemeinde mit eisernen Fahrrädern zu befahren, sich mit der Persönlichkeit ihrer Fahrräder vermischt – ein Resultat des wechselseitigen Austauschs von Atomen –, und Sie würden sich über die hohe Anzahl von Leuten in dieser Gegend wundern, die halb Mensch und halb Fahrrad sind.«

Ich keuchte vor Staunen, und das hörte sich in der Luft an wie ein defekter Reifen.

»Und Sie wären platt, wenn Sie wüßten, wie viele Fahrräder es gibt, die halb menschlich, die halbe Menschen sind, die zur Hälfte dem Menschengeschlecht angehören.«

*Da gibt es anscheinend keine Grenze*, bemerkte Joe. *In dieser Gegend kann alles gesagt werden, und es wird wahr sein, und man muß es glauben.*

Mir würde es nichts ausmachen, in dieser Minute auf hoher See auf einem Dampfer zu arbeiten, sagte ich, Trossen aufschießen, harte körperliche Arbeit. Ich wäre gern weit weg von hier.

Ich sah mich aufmerksam um. Zu beiden Seiten der Straße waren braune Moore und schwarze Moore in hübscher Anordnung, und hie und da hatte man rechteckige Kästen herausgeschnitten, deren jeder mit gelbbraunem, braun-gelbem Wasser gefüllt war. Weit entfernt, ganz in Himmelsnähe, waren winzige Menschen über ihre Torfarbeit gebeugt; mit Patent-Spaten stachen sie präzis geformte Soden und bauten sie zu einem großen Denkmal zusammen, zweimal so groß wie ein Wagen nebst Pferd. Ihre Geräusche kamen zum Sergeant und mir herüber, vom Westwind unbehelligt, wurden sie an unsere Ohren herangetragen, Geräusche von Gelächter, und Pfeifen, und Teile von Strophen aus den alten Torfstecherliedern. In größerer Nähe stand ein Haus in Gesellschaft dreier Bäume und von der Heiterkeit eines Geflügelklüngels umgeben, welcher allzumal pickte, scharrte, laut disputierte und dabei doch nie mit der unermüdlichen Herstellung von Eiern innehielt. Das Haus als solches gab keinen Ton von sich, aber ein Baldachin aus trägem Rauch war über dem Kamin errichtet, um anzuzeigen, daß drinnen Menschen waren, die sich ihren Aufgaben widmeten. Die Straße ging uns voran, wobei sie kurz verhielt, um langsam einen Hügel zu erklimmen, der sie an einer Stelle erwartet hatte, an der hohes Gras wuchs und wo es graue Feldsteine und faulige, verkrüppelte Bäume gab. Nach oben wurde das Ganze durch den Himmel abgerundet, heiter, undurchdringlich, unaussprechlich und unvergleichlich, mit einer lieblichen Insel aus Wolken, in der Stille verankert, zwei Meter zur Rechten von Mr Jarvis' Plumpsklo.

Die Szene war wirklich und unbestreitbar und stand in Widerspruch zu den Reden des Sergeants, aber ich wußte, daß der Sergeant die Wahrheit sprach, und hätte ich meine Wahl treffen sollen, so wäre es möglich gewesen, daß ich von der Wirklichkeit all der einfachen Dinge, die ich mit meinen Augen betrachtete, hätte Abstand nehmen müssen.

Ich musterte den Sergeant von der Seite. Mit einem Gesicht, das vom Zorn auf das Landratsamt gefärbt war, schritt er voran.

»Sind Sie sich ganz sicher, was das Menschentum der Fahrräder betrifft?« wollte ich von ihm wissen. »Ist die Atom-Theorie so gefährlich, wie Sie sagen?«

»Sie ist zwei- bis dreimal so gefährlich, wie sie eigentlich sein dürfte«, erwiderte er düster. »Früh am Morgen habe ich manchmal den Eindruck, daß sie viermal so gefährlich ist, und, darüber hinaus, wenn Sie ein paar Tage hierblieben und Ihrer Beobachtung und Inspektion freien Lauf ließen, dann wüßten Sie, wie gewiß die Sicherheit der Gewißheit ist.«

»Gilhaney sah gar nicht wie ein Fahrrad aus«, sagte ich. »Er hatte kein Hinterrad, und ich glaube auch nicht, daß er ein Vorderrad besaß, obwohl ich seiner Vorderseite nicht viel Beachtung geschenkt habe.«

Der Sergeant sah mich mit einigem Mitgefühl an.

»Sie können nicht erwarten, daß ihm eine Lenkstange aus dem Hals wächst, aber ich habe noch unbeschreiblichere Dinge gesehen. Haben Sie je bemerkt, wie seltsam sich die Fahrräder in dieser Gegend benehmen?«

»Ich bin noch nicht lange in diesem Bezirk.«

*Gottseidank*, sagte Joe.

»Dann beobachten Sie die Fahrräder, wenn Sie glauben, daß Ihnen permanente Verwunderung Vergnügen bereitet«, sagte er. »Wenn ein Mann es erst mal soweit kommen läßt, daß er zur Hälfte oder mehr als zur Hälfte ein Fahrrad ist, sehen Sie überhaupt nichts, weil er sich meistens mit einem Ellbogen gegen Wände lehnt oder sich beim Stehen mit dem Fuß auf dem Kantstein abstützt. Natürlich gibt es noch anderes, das mit Damen und mit Damenfahrrädern zu tun hat, aber das werde ich Ihnen irgendwann separat erzählen. Immerhin ist das bemannte Fahrrad ein Phänomen von großem Zauber und großer Intensität und ein sehr gefährlicher Artikel.«

In diesem Augenblick näherte sich ein Mann mit langen, hinter sich ausgebreiteten Rockschößen rasch auf einem Fahrrad und rollte den Hügel, der vor uns lag, im wohltuenden Freilauf hinunter. Ich betrachtete ihn mit dem Scharfblick von sechs Adlern und versuchte herauszufinden, welches das andere trug, und ob es wirklich ein Mann war, der ein Fahrrad geschultert hatte. Ich schien jedoch nichts zu sehen, was denkwürdig oder bemerkenswert gewesen wäre.

Der Sergeant blickte in sein schwarzes Notizbuch.

»Das war O'Feersa«, sagte er schließlich. »Er beläuft sich nur auf dreiundzwanzig Prozent.«

»Er ist zu dreiundzwanzig Prozent ein Fahrrad?«

»Ja.«

»Bedeutet das auch, daß sein Fahrrad zu dreiundzwanzig Prozent ein Mensch ist?«

»So ist es.«

»Wieviel sind es bei Gilhaney?«

»Achtundvierzig.«

»Dann liegt O'Feersa weit niedriger.«

»Das ist auf den glücklichen Umstand zurückzuführen, daß drei ähnliche Brüder im Hause sind, und daß sie zu arm sind, um pro Stück ein getrenntes Fahrrad zu besitzen. Manche Leute begreifen nie, wie sehr sie von Glück reden können, wenn sie ärmer sind als jeder andere. Vor sechs Jahren hat ein O'Feersa im Preisausschreiben von *John Bull* zehn Pfund gewonnen. Als ich von dieser Kunde Wind bekam, wußte ich, daß ich Schritte einleiten mußte, wenn die Familie nicht zwei weitere Fahrräder bekommen sollte, denn Sie werden verstehen, daß ich in einer Woche nur eine begrenzte Anzahl von Fahrrädern stehlen kann. Ich wollte nicht, daß mir alle drei O'Feersas gleichzeitig zur Last fielen. Glücklicherweise kannte ich den Briefträger sehr gut. Der Briefträger! Allmächtige heilige leidende Hafergrüt-

*Edward Gorey*

zengummischüssel!« Die Erinnerung an den Briefträger schien dem Sergeant Vorwand für nicht enden wollende Heiterkeit und Anlaß für verworrene Bewegungen seiner roten Hände zu sein.

»Der Briefträger?« sagte ich.

»Einundsiebzig Prozent«, sagte er leise.

»Grundgütiger!«

»Vierzig Jahre lang jeden Tag eine Runde von achtunddreißig Meilen mit dem Fahrrad, bei Hagel, Regen und Schneeball. Es besteht sehr wenig Hoffnung, ihn jemals wieder unter die Fünfzig-Prozent-Marke zu drükken.«

»Haben Sie ihn bestochen?«

»Natürlich. Zwei von diesen kleinen Strippen, die man an der Radnabe befestigt, damit sie fein adrett und glänzend bleibt.«

»Und wie benehmen sich die Fahrräder dieser Leute?«

»Die Fahrräder dieser Leute?«

»Ich meine die Leute dieser Fahrräder, oder wie immer die korrekte Bezeichnung lauten mag ... diejenigen mit den zwei Rädern und einer Lenkstange.«

»Das Benehmen eines Fahrrades mit hohem Humanitäts-Anteil«, sagte er, »ist sehr listig und überaus bemerkenswert. Man sieht nie, wie sie sich aus eigener Kraft bewegen, aber man trifft sie unerwartet an kaum erklärlichen Orten. Haben Sie noch nie ein Fahrrad gesehen, in einer warmen Küche gegen die Anrichte gelehnt, während es draußen gießt?«

»Doch.«

»Nicht sehr weit vom Herd entfernt?«

»Ja.«

»In Hörweite, nah genug, um die Gespräche der Familie zu verfolgen?«

»Ja.«

»Weniger als tausend Meilen von den Essensvorräten entfernt?«

»Nicht, daß ich wüßte. Sie wollen doch nicht sagen, daß diese Fahrräder *essen*?«

»Sie wurden noch nie dabei beobachtet, niemand hat sie je mit einem Mundvoll Steak ertappt. Ich weiß nur soviel: das Essen verschwindet.«

»Was!«

»Mehr als einmal habe ich Krumen an den Vorderrädern dieser Herrschaften bemerkt.«

»Das alles ist für mich ein schwerer Schlag«, sagte ich.

»Niemand merkt etwas«, erwiderte der Sergeant. »Mick denkt, Pat habe es verursacht, und Pat glaubt, Mick sei es gewesen. Nur wenige erraten, was in dieser Gemeinde vorgeht. Es gibt noch andere Vorfälle, über die ich lieber nicht zu eingehend sprechen will. Es war einmal eine neue Lehrerin hier, und die hatte ein neues Fahrrad. Sie war noch nicht lange hier, als Gilhaney mit ihrem Damenfahrrad hinaus aufs einsame Land fuhr. Geht Ihnen auf, welche Unmoral dahintersteckt?«

»Oh ja.«

»Es kam noch schlimmer. Wie immer Gilhaneys Fahrrad es angestellt haben mag – es lehnte irgendwo, wo die junge Lehrerin herauseilte, um ganz schnell mit ihrem Fahrrad irgendwohin zu fahren. Ihr Fahrrad war dann fort, aber da lehnte ja Gilhaneys Fahrrad in Reichweite und versuchte, klein und bequem und anziehend auszusehen. Muß ich Ihnen noch sagen, was das Resultat war, oder was passierte?«

*Nein, das muß er nicht*, sagte Joe drängend. *So etwas Schamloses und Liederliches habe ich ja noch nie gehört. Die Lehrerin trifft natürlich keine Schuld; sie zog schließlich kein Vergnügen daraus und hatte keine Ahnung.*

»Nein, das müssen Sie nicht«, sagte ich.

»Sehen Sie, da war es dann passiert. Gilhaney verbrachte einen Tag mit dem Damenfahrrad und umgekehrt auch vice versa, und es ist ganz klar, daß die in Rede stehende Dame einen hohen Anteil hatte – fünfunddreißig oder vierzig Prozent, würde ich sagen, trotz der Neuheit des Fahrrads. Es hat so manches graue Haar auf meinen Kopf gebracht; ständig ist man bemüht, die Leute in dieser Gemeinde im Zaum zu halten. Wenn man es zu weit gedeihen läßt, dann ist das der Anfang vom Ende. Dann kommen die Fahrräder und verlangen das Wahlrecht, dann bekommen sie Sitze im Landtag und machen die Straßen noch schlechter, als sie ohnehin schon sind, um ihre weitgesteckten Ziele zu erreichen.

Monsieur Bandage-Herniaire und sein berühmtes nicht-
spiegelndes Fahrrad.

*Edward Gorey*

Aber demgegenüber und andererseits ist ein gutes Fahrrad ein famoser Kamerad, und es geht ein großer Zauber
von ihm aus.«

»Woran erkennen Sie, daß jemand viel Fahrrad in den
Adern hat?«

»Wenn sein Anteil über Vierzig liegt, merkt man es
unverkennbar an seinem Gang. Der Gang wird immer
schneidig sein, er wird sich nie hinsetzen, und er wird
sich mit dem Ellenbogen gegen die Wand lehnen und so
die ganze Nacht lang in der Küche bleiben, anstatt ins
Bett zu gehen. Wenn er zu langsam geht oder mitten auf
der Straße stehenbleibt, wird er der Länge nach hin-
schlagen und sich von Dritten aufhelfen und anschieben
lassen müssen. Dies ist der traurige Zustand, in den der

Briefträger sich geradelt hat, und ich glaube nicht, daß er sich je wieder herausradeln wird.«

»Ich glaube nicht, daß ich jemals radfahren möchte«, sagte ich.

»Ein bißchen kann nicht schaden, es härtet ab und versorgt den Körper mit Eisen. Aber zu weit, zu oft und zu schnell zu gehen, ist auch keineswegs gesund. Der kontinuierliche Aufprall der Füße auf den Straßenboden bewirkt, daß Sie eine gewisse Quantität Straße in sich aufnehmen. Wenn ein Mensch stirbt, sagt man, er werde wieder zu Lehm, aber zuviel Gehen stopft Sie noch viel früher mit Lehm voll (oder es beerdigt Sie Stück für Stück in der Landstraße) und bringt Sie dem Tod auf halbem Wege näher. Es ist nicht leicht zu entscheiden, welches die beste Art der Fortbewegung ist.«

Als er mit Reden fertig war, bemerkte ich, daß ich behende und leichtfüßig auf Zehenspitzen ging, um mein Leben zu verlängern. Mein Kopf war mit Ängsten und vermischten Wahrnehmungen vollgestopft.

WILHELM BUSCH

## Beim Naturphilosophen

Zunächst besucht ich, um endlich mal zu erfahren, was eine Sache ist, abgesehen davon, wie sie uns vorkommt, einen weitberühmten Naturphilosophen, der mir zu diesem Zwecke besonders empfohlen war.

Derselbe begrüßte mich unter der Haustür und führte

mich, als er hörte, was ich wollte, sogleich mit überlegener Höflichkeit in sein geräumiges Arbeitszimmer.

Er trug ein rotes Samtkäppchen mit grüner Hahnenfeder, einen Schlafrock von Maulwurfsfellen, eine hirschlederne Hose und spitze Pantoffeln von Krokodilshaut. Seine Nase glich der Mohrrübe, sein Auge der Walnuß, sein Mund der Sparbüchse, sein Bart den Fischgräten, und auf dem Kinn hatte er eine Warze sitzen, die aussah wie ein vollgesogener Zeck.

Obgleich sein Benehmen durchaus ernsthaft erschien, war mir's doch, als müßte sich unter der Haut seines ehrwürdigen Gesichtes ein verschmitztes Lächeln verbergen; ein Argwohn, der zusehends verschwand, als ich die wundersamen Gegenstände bemerkte, welche dieser außerordentliche Mann nicht bloß zu sammeln gewußt, sondern auch auf das liebenswürdigbereitwilligste zu zeigen geruhte.

Auf Tischen, Stühlen, Schränken standen und lagen durcheinander Bücher, Präparate in Spiritus, ausgestopfte Vögel, Automaten und sonstige Schosen.

Drei Papageien, die stets wiederholten, was der Meister gesagt hatte, schaukelten sich auf einer schwebenden Stange.

»Vorerst, mein Wertester«, so begann er, »betrachtet Euch gefälligst dies automatische Kunstwerk!«

Knarrend zog er es auf. Es war ein Fischreiher, in einer Schale voll Wasser stehend, worin sich ein Aal befand. Der Reiher bückte sich, erfaßte den Aal, hob ihn in die Höhe, verschluckte ihn und stand dann, gleichsam befriedigt, in Gedanken. Aber bereits im nächsten Augenblicke schlüpfte der geschmeidige Fisch wieder hinten heraus. Wieder mit unfehlbarer Sicherheit ergriff ihn der langgeschnäbelte Vogel, ließ ihn hinuntergleiten und wartete sinnend den Erfolg ab, und wieder kam der Schlangenfisch am angeführten Orte zum Vorschein, um nochmals verschlungen zu werden, und so ging's fort und fort. »Dies«, erklärte der Meister, »ist der ›Kreislauf der Dinge‹!« Darauf nahm er ein unscheinbares Gerät vom Schranke. Es war eine kleine Wehmühle. Er blies den Staub davon, hielt sie mir vor und sprach bedeutungsvoll:

»Hier, mein Geschätzter, seht Ihr das ›Ding an sich‹, das vielberufene, welches vor mir noch niemand erkannt hat.«

Er drückte auf einen Knopf. Die Mühle fing langsam zu fächeln an. Ein ungemein wohliges Gefühl überkam mich, als würd ich von zarten Händen so recht sanft hinter den Ohren gekraut.

Er drückte zum zweiten Male auf den Knopf. Nur das feinste Diner kann der Zunge ein solches Wohlgefallen bereiten, wie es mir jetzt zuteil wurde.

Er drückte zum dritten Male. Nun kam der Geruchsinn an die Reihe. Erschrocken blickt ich den Meister an. Doch nicht der leiseste Zug einer verdächtigen Heiterkeit störte den Ausdruck seines ehrbaren Gesichtes.

Schon berührte er den Knopf zum vierten Male. Ein prachtvoller Parademarsch erklang.

Er drückte zum fünften Mal. Ein Feuerwerk sprühte auf, so herrlich, daß es sich der Prinz an seinem Geburtstage nicht schöner hätte wünschen können.

»So ist denn«, sprach er erklärend, »alles das, was zwischen uns und den Dingen an sich passiert, nichts weiter als eine Bewegung, bald schneller, bald langsamer, in einer Äther- oder Luftschicht, die bald dicker, bald dünner ist.«

»Auch die Gedanken?« fragt ich.

»Auch sie!« erwiderte der Meister. »Wir werden gleich sehen!«

Er stellte die Wehmühle weg und kriegte eine Windmühle her. Sie war nach dem gleichen System gearbeitet wie diejenigen, welche man in die Wipfel der Kirschbäume stellt, um die Spatzen zu verscheuchen, nur war sie viel kleiner und hatte Flügel von Papier. Indem er mir dieselbe entgegenhielt, rief er ermunternd:

»Wohlan, mein Bester! Jetzt denkt mal drauf los!«

Ich nahm mich zusammen und dachte, was ich nur konnte, und je eifriger ich dachte, je eifriger drehten sich die Papierflügel der Mühle, und klappern tat sie, daß es selbst ein erfahrener alter Sperling nicht gewagt hätte, in ihre Nähe zu kommen.

»Je mehr Wind, je mehr Lärm!« sprach der Gelehrte erläuternd.

»Und Lust und Leid des Herzens«, forschte ich weiter, »sind die gleichfalls Bewegung?«

»Gewiß!« erhielt ich zur Antwort. »Nur schraubenförmig!«

Damit nahm er vom Gesimse ein zierliches Gestell, worin horizontal ein Pfropfenzieher lag, den man vermittelst einer Kurbel in drehende Bewegung setzen konnte.

»Nur zu!« rief ich erwartungsvoll.

Er schloß das linke Auge und fixierte mich blinzelnd mit dem rechten.

»So geht es noch nicht!« sprach er zögernd. »Denn wie ich bemerke, mein Lieber, ist Eure Konstitution etwas anders beschaffen, als wie sonst üblich ist. Darum bitt ich, zuvörderst hier Platz zu nehmen in dem Sessel der höheren Empfindsamkeit!«

Dies war ein ungemein weich gepolsterter Lehnstuhl. Ich ließ mich darauf nieder. Der Meister näherte sich mit der Schraube und fing an vorwärts zu drehen.

Ein unsagbar peinliches Gefühl durchbohrte mein innerstes Wesen. Ich hätte laut aufschreien mögen. Es war, als wäre meine alte Großtante gestorben.

»Der Schmerz ist positiv!« sprach der Meister gelassen. Und nun drehte er rückwärts. Der Schmerz ließ nach. Es durchströmte mich, wie ein großes unerwartetes Glück. Es war, als hätte mir die Selige eine halbe Million vermacht.

»Die Freude ist negativ!« erklärte der Meister, indem er die Seelenschraube wieder an ihren Platz stellte.

Um die Geduld des freundlichen Gelehrten nicht übermäßig in Anspruch zu nehmen, hielt ich es jetzt für angemessen, mich bestens zu empfehlen.

»Noch eins!« sprach er und führte mich an seinen Schreibtisch.

In einem großen Glase voll Spiritus saß ein wunderliches Geschöpf, welches die größte Ähnlichkeit hatte mit einem überreifen Kürbis, woran unten, scheinbar als Gliedmaßen, ein paar kümmerliche Ranken hingen.

»Dies«, so demonstrierte der Meister, »ist der Mensch von vor tausend Millionen Jahren, ehe er herabsank zum verächtlichen Lanzettierchen, von welch letzterem wir uns wenigstens in der Gegenwart so weit wieder aufgerappelt haben, daß wir hoffen dürfen, auch in der Zukunft noch mal wieder etwas Rechtes zu werden.«

»Schön ist er nicht!« meint ich enttäuscht.

»Aber schlau!« fiel mir der Forscher ins Wort. »Ich hab ihm den Kopf visiert. Die zweifelhafte Unterscheidung zwischen hier und dort, zwischen heute und übermorgen, die uns jetzt so viele Verlegenheiten bereitet, gab's damals nicht; die Frage, ob zwei mal zwei vier sei, oder sonst was, ließ man unentschieden; und was die Grundsätze der Geometrie betrifft, so kann ich wenigstens so viel mit Bestimmtheit versichern, daß zu jenen Zeiten die krümmste Linie der kürzeste Weg zwischen zwei Punkten war.«

Hier machte der Naturphilosoph eine Pause, die mir Zeit ließ, ihm meine Bewunderung auszudrücken und zugleich noch ein weiteres Problem zu berühren.

»Hochverehrtester!« hub ich an. »Darf ich mir zum Schluß noch eine kleine Anfrage gestatten?«

Er nickte verbindlich.

»Wie«, fragt ich, »steht es mit der Ethik? Was muß der Mensch tun, daß es ihm schließlich und ein für allemal gut geht?«

Ohne sich lange zu besinnen, öffnete der Weise eine Schublade, nahm eine Flöte heraus, schrob sie auf seine Nase, kniff den Mund zu, blies die Backen auf und fing an zu fingern und zu trillern und zu quinquilieren, wie ein gut geschulter Kanarienvogel, der auf der Geflügelausstellung den ersten Preis gekriegt hat.

Als er hiermit aufgehört, fragte er kurz:

»Verstanden? Überzeugt?«

»Nicht so ganz!« gab ich verlegen zur Antwort.

Nun begann er aufs neue, indem er abwechselnd sang und flötete und dabei den Kopf gar gefällig von einer Seite zur andern wiegte:

> »Wer nicht auf gute Gründe hört,
>     trideldi!
> Dem werde einfach zugekehrt
>     trideldi!

Die Seite, welche wir benützen,
Um drauf zu liegen und zu sitzen.
triddellitt!«

Hiermit brach er kurz ab, legte die Flöte beiseite, drehte sich um, wickelte sich stramm in seinen Schlafrock, nahm eine gebückte Stellung an, krähte wie ein alter Cochinchinagockel und verschwand im Hinterstübchen.

Die Papageien krähten gleichfalls. Einen Augenblick stand ich starr. Dann entfernt ich mich mit fabelhafter Geschwindigkeit.

MONTY PYTHON

## Neues aus der historischen Forschung

*Eine Interview-Kulisse im Studio.*

INTERVIEWER. Die Magna Carta – war sie ein Dokument, das 1215 in Runnymede von König Johann unterschrieben wurde und den englischen Baronen Unabhängigkeit zusicherte, oder war sie ein Stück Kaugummi auf einer Tagesdecke in Dorset? Letztere These ist das geistige Produkt eines Mannes, der neu ist auf dem Gebiet der historischen Forschung. Mr. Badger, warum – warum sind Sie in dieser Sendung? *Die Kamera fährt zurück und zeigt Badger. Er trägt eine flache Kappe und hat einen schottischen Akzent.*

BADGER. Nun, ich glaube, ich kann diese Frage am ehesten mimisch beantworten.

*Er mimt völlig unverständlich.*

INTERVIEWER. Aber warum Dorset?

BADGER. Nun, ich leide seit langer Zeit an einer Art Gehirnverletzung, die ich mir im Verlauf meiner Kindsgeburt zugezogen habe, und ich möchte schließen, indem ich meinen Finger in die Nase stecke.

*Steckt seinen Finger in die Nase.*

GROUCHO MARX

## Über das Mittelalter

Über das finstere Mittelalter kann ich Ihnen nicht viel sagen, weil wir Historiker über diese Epoche nur sehr wenig wissen. Offen gestanden, es war so finster, daß niemand sehen konnte, was eigentlich vor sich ging, und die wenigen, die etwas sahen, waren so höflich oder so peinlich berührt, daß sie es nicht weitersagten.

Immerhin kann man davon ausgehen, daß im finsteren Mittelalter eine Menge los war. Ich weiß zum Beispiel, was bei uns zu Hause los war, wenn im Wohnzimmer das Licht ausfiel. Mein Bruder Harpo versuchte sich zum Klavier vorzutasten, erwischte aber meistens das Hausmädchen. Es dauerte dann nicht lange, bis sich die Nachbarn beschwerten. Und das Hausmädchen auch. Denn auf ihre nette, kindliche Art war sie gerade in meinen Vater verliebt. Es war reine, unverdorbene, mädchenhafte Hingabe. Sie verlangte nichts weiter, als daß er seine Kinder verkaufen und mit ihr nach New Jersey ausreißen sollte. Ein Bruder von ihr hatte dort eine Farm, wo er kleine Farmer und blutige Striemen groß-zog – alles auf dem Rücken seiner Frau. (Unter solchen Bedingungen gediehen die Früchte des Zorns natürlich außerordentlich.)

Zum immerwährenden Lobe meines Vaters muß gesagt werden, daß er keinen Augenblick ernsthaft daran dachte, seine Kinder zu verkaufen und wegzulaufen. »Was würde ich für fünf gebrauchte Jungen schon bekommen?« dröhnte seine Stimme durch das verfallene Herrenhaus. »Ich glaube, ich bleibe einfach da!«

So war der alte Master Marx, als er noch auf seiner Plantage lebte. Und zweifellos war er deshalb bei den Sklaven auch so beliebt – wegen seiner Freundlichkeit, seinem Verständnis und weil er der einzige Grundbesitzer im ganzen Bezirk war, der nie eine Peitsche besessen hatte. (Um ihre Dankbarkeit zu beweisen, veranstalteten die Sklaven eine Sammlung und kauften meinem Vater eine Peitsche, mit der er sie dann lachend nach Strich und Faden verprügelte.)

Wie ich schon deutlich zu machen versuchte, spielte sich das Leben in jenen finsteren Zeiten in einem Zustand fortwährender geistiger Verwirrung ab. Die Geschichte berichtet von einem hungrigen Neandertaler, der nicht mehr wußte, wo er war, und einfach begann, seine Höhle anzuknabbern. Er glaubte, es sei Spinat, vielleicht mit etwas mehr Sand als gewöhnlich. Zwar warnte ihn seine Frau: »Eigener Herd ist das Zahngold nicht wert!« Aber der arme Neandertaler begriff nicht, wovon sie sprach, und mampfte weiter, bis er ihr und sich selbst das Dach über dem Kopf weggefressen hatte.

So wurde diese Redewendung geprägt, denn da die Leute auch damals kein Geld hatten, konnten sie gar nichts anderes prägen als Redewendungen.

KARL VALENTIN

## Die Schlacht bei Ringelberg

Im Zeichen des Krieges stand ein Flammenschwert, gebildet aus schneeweißen Wolken am Abendhimmel. Gegen sechs Uhr am Morgen rückte ein Kriegsheer, bestehend aus vier Mann und siebenhundert Pferden, bis an die Zähne bewaffnet gegen Ringelberg vor.

Und es sei denn, daß es so kam. Da befahl König Pharao seinem Chauffeur: »Gehe hin und streue Rotzglocken unter das Volk.« – Und er tat es. Kriegsgeheul und Krankheiten verpesteten die Luft – die Glocken läuteten und verkündeten die nahe Mittagsstunde, und das Unheil war nicht mehr aufzuhalten. War es die Wachsamkeit oder die Liebe zum Vaterlande, oder war es nur stolze Eitelkeit, die Ringelberger sahen die Zeit gekommen, denn sie sprachen gemeinsam: »Entweder – Oder.«

Die anderen behaupteten Frankfurt an der Oder. – Kurzum, in drei darauffolgenden Nächten stiftete man überall Brand, Ringelberg war nicht mehr die verhaßte Fremdenstadt, sondern ein Flammenmeer – Frauen und Fräuleins, Schwestern, Mädchen und Eltern flüchteten ins Unendliche und brachten den Hilfesuchenden Bier und Zigaretten. –

170

Kanonen, Sportwagen, Fallschirme und dergleichen Kriegsgeräte rasselten Tag und Nacht durch die Straßen Ringelbergs, und ehe man sich umsah, war die Stadtmauer umstellt. Aber leider waren die Stadttore mit einem Vexierschloß versperrt, und guter Rat war nicht billig. –

Die Wut des bösen Feindes wuchs ins Aschlochgraue, und zugleich stand durch die Belagerung ein zweiter böser Feind vor Ringelberg – das Hungergespenst. Ganz Ringelberg sollte nun spätestens in einigen Stunden ausgehungert werden, samt Hab und Gut – die Ringelberger trotzten aber dem Hunger, waren froh und heiter und aßen und tranken mehr als zuvor.

Der Feind hatte hier wieder einmal die Rechnung ohne den Wirt gemacht. – Die Stadt war verraten – ein fünfundsechzigjähriger Bursche namens Hopfenzupfer, von Beruf Huber, hatte sich nächtlicherweile in einem Grammophontrichter versteckt, somit das ganze Gespräch des Feindes belauscht und demselben wieder alles verheimlicht und erzählt.

Als am andern Morgen der warme Westwind föhnartig über die Dächer der alten Residenzstadt wehte, verkündete ein Husarenbläser die Übergabe der Stadt, und zwar in schwäbischem Dialekt. Stolz und voll Ingrimm liefen die Bürger wirr durcheinander, und am Vormittag des 15. Mai veranstaltete man zugunsten des Überfalles eine polizeiliche Razzia, bei der nicht weniger als einundhalb Gefangene (Vater und Sohn) in unsere Hände fielen. – Der Jubel wollte keinen Anfang nehmen, als zehn Volksschulklassen (zusammen fünfzig Kinder) aus voller Kehle sangen: »Nun sei bedankt, mein lieber Schwan.« – Als dieses Lied verklungen war, kam wieder Leben in die Bude, vielmehr in die Stadt. Vielhundert Jahre später hatte die lange Zeit die Kriegswunden zugeheilt, und kein Mensch in ganz Ringelberg spricht heute mehr von diesen Tagen zu jener Zeit.

EUGEN EGNER

## Mozarts Tagebücher

Was Mozarts Tagebücher betrifft, so herrschen bekanntlich drei (widersprüchliche) Lehrmeinungen vor:

1. Konstanze und Nissen haben sie vernichtet.

2. Konstanze hat sie beim Staubwischen fallen lassen, wobei sie zerbrachen.

3. Ein arbeitsloser Friseur aus Darmstadt hat sie gefälscht.

4. (vier Lehrmeinungen herrschen vor:) Mozart hat nicht Tagebuch geführt.

Das wollen wir aber nicht wahrhaben. Was bleibt uns also noch? Ja, wäre es heutzutage nicht möglich, mit Hilfe von Text- und Datenverarbeitungssystemen Mozarts Tagebücher zu synthetisieren? Eine wesentliche Quelle wären zweifellos seine auf uns gekommenen Briefe, besonders aber die bekannten, von des Meisters Hand stammenden Ergänzungen im Tagebuch seiner Schwester. Nein, niemand mache sich etwas vor. Solche Spielereien ergäben nur einen mittelmäßigen Schulfunkbeitrag.

So ist es also endgültig Essig mit des Göttlichen Diarien? Verzaget nicht, die Theorie von den parallelen

Universen lehrt uns, daß Mozart durchaus Tagebuch geführt haben *kann*. Wenn auch nicht exakt in der uns geläufigen historischen Welt, aber doch immerhin.

Schon Robert Crumbs Herr Natürlich verkündete: »Das ganze Universum ist völlig wahnsinnig!« (Worauf Volker Fut nur ungläubig fragte: »Tatsächlich?«) Tatsächlich! Also Quantenkosmologie? Kosmische Schizophrenie? Interferenzen von »einander überlappenden alternativen Realitäten, von denen keine die wirkliche Realität ist« (zitiert nach: Paul Davies, *Gott und die moderne Physik*)?

Die Everettsche Theorie besagt allen Ernstes, daß die Parallelwelten in jeder Hinsicht physikalisch voneinander getrennt sind und bleiben.

»Quatsch«, sagen die Pinscher-Girls, »das wissen wir doch viel besser.«

Denn die Pinscher-Girls, zwei begabte junge Physikerinnen, die von ›Jugend forscht‹ ausgeschlossen wurden, weil sie den Juroren bereits bei der Vorauswahl als unzulässige Mischung aus Einstein und Pippi Langstrumpf erschienen waren, haben es geschafft, mittels elektromagnetischer Felder, welche sie durch das kunstvolle Hintereinanderschalten mehrerer Modelleisenbahn-Transformatoren erzeugen, die als unüberwindbar geltenden Barrieren zwischen den Parallelwelten aufzuheben.

Wir denken in diesem Zusammenhang sofort an das legendäre ›Philadelphia-Experiment‹, bei dem, wie mittlerweile jeder weiß, im Jahre 1943 ein amerikanisches Schlachtschiff durch elektromagnetische Manipulationen sowohl de- als auch rematerialisiert worden sein soll. Als begeisterungsfähige Laien, die wir sind, assoziieren wir etwas freizügig und geraten ins Schwärmen:

Ach ja, Quanteneffekte! Immer, wenn eine Entscheidung zwischen zwei Möglichkeiten ansteht, teilt sich das Universum in zwei, eines für jede Möglichkeit. Beide Welten sind dann gleichermaßen real. In einer hat Mozart Tagebuch geführt, in der anderen nicht.

Lassen wir also Polly und Peggy Pinscher ihre Trafos aufbauen.

Wo und wann mag sich Mozart einmal die Frage gestellt haben, ob er Tagebuch führen soll oder nicht? Was für eine Sucherei! Und wenn er sich die Frage nie gestellt hat, können die Pinscher-Girls ihre Transformatoren gleich wieder abbauen, oder? Die Physikerinnen spotten über uns, weil wir Halbgebildeten uns so auf diese Frage kaprizieren. Es könne doch auch Welten geben, in denen Mozart, ohne groß zu fragen, automatisch zum Tagebuchschreiber geworden sei, sagen sie.

Eine längere Zeit des Forschens beginnt. Den ganzen Winter über leben wir gemeinsam mit Polly und Peggy in einer verlassenen Krokodilfarm am Stadtrand. Bei den Indianern in der Handelsstation kaufen wir Lebensmittel und Alkohol, außerdem haben wir noch einen alten Phonographen und einen Stapel 78er-Platten von Memphis Minnie.

Wir nehmen Experimente mit unseren Kopfkissenfüllungen vor (bei Angstzuständen empfiehlt es sich, den Kopf höher zu betten), schneiden uns gegenseitig die Haare. Tag und Nacht summen die Transformatoren. Geschlafen wird kaum noch, Tag und Nacht verschwimmen in grünlichem Nebel. Es kommt allerdings zu keinerlei schlüpfrigen Szenen.

Gemeinhin macht sich niemand eine Vorstellung davon, wie viele Paralleluniversen es gibt – ein populärwissenschaftliches Werk nennt ihre Zahl »verblüffend hoch und immer noch anwachsend«. Und »auf ihren jeweiligen Evolutionszweigen« sollen sie sich »immer weiter verästeln«! Wie ist denn überhaupt unsere Arbeitsmethode? Wie kreisen wir das Problem ein? Legen wir ein historisches Datum zugrunde und schauen systematisch nach, ob Mozart zu diesem Zeitpunkt irgendwo ans Tagebuchschreiben denkt? Oder gehen wir willkürlich vor? Ach – wir wissen es nicht. Der ökologisch angebaute, trockene Ingelheimer Weißwein aus der Handelsstation bewirkt auf der Quantenebene, daß wir gleichzeitig betrunken und nüchtern sind. Aufgrund dieses »geisterhaften Mischstatus« (Davies) kümmern wir uns wenig um die Versuchsanordnungen. Mag dies ein Schlaglicht auf unsere Forschung werfen, oder auch nicht, oder beides. In einem Universum sind wir betrunken, im anderen sind wir's nicht (sind wir aber doch!). Und in wieder einem anderen sitzt Mozart über seinem Tagebuch. Auf dem kleinen Schwarzweiß-Bildschirm von Pollys und Peggys Puppencomputer können wir sogar lesen, was er schreibt. Leider ist trotzdem keine Freude angebracht.

Genauso, wie es Welten gibt, die weder unseren fiesen Nachbarn noch den Zweiten Weltkrieg kennen, und noch andere, in denen alles ganz und gar anders ist, genauso gibt es Parallelwelten, in denen Mozart kein so bedeutender Musiker, und schon gar nicht so eigensinnig wie bei uns gewesen ist. Im vorliegenden Fall erfüllt er willig alle Wünsche seines Vaters und des Salzburger Erzbischofs. Das Tagebuch ist ein Schmarrn. Mozart notiert gerade, daß im Haushalt Zahnstocher und Pergamentpapier fehlen.

Einmal, glücklicherweise nur einmal, fällt die Stromversorgung der Krokodilfarm aus. Wahrscheinlich haben die Indianer in der Handelsstation alle Heizdecken gleichzeitig eingeschaltet. An diesem forschungsfreien Abend versuchen wir, die Grundlagen der Physik übermütig leugnend, durchs Schlüsselloch zu springen.

In der Folge sehen wir einen Film über Mozarts Leben: Er spielt anfangs so schlecht, daß ihm die Leute immer sein Klavier wegnehmen, damit nur Ruhe ist. Eines Nachts bei Vollmond schiebt Mozart sein Klavier auf eine Straßenkreuzung. Punkt Mitternacht erscheint ein großer schwarzer Mann (der Auftraggeber des Requiems?) und stimmt das Klavier. Von nun an kann Mozart darauf alles spielen, was er will. Bei seiner Rückkehr zu den Menschen, unter denen er gelebt hat, ist dort ein ganzes Jahr vergangen. Niemand kann sich erklären, wo er gewesen sein mag, und alle wundern sich über seine plötzliche Virtuosität. Leider wird Mozart dann vor Vollendung seines Werkverzeichnisses (braunes Ringbuch DIN A 5) auf einer Party vergiftet (Whisky). In einem schäbigen Hotelzimmer stirbt er einsam und vergessen. Nicht einmal sein Klavier kann sich an ihn erinnern. Er bläst noch einmal die Backen auf und will den Klang einer Tuba nachahmen, doch die Kraft reicht nicht mehr. Später stellt sich heraus, daß sein(e) Mörder(in) heute in einem New Yorker Altersheim lebt. Der (Die) wird von einem genialen Detektiv, einem blinden schwarzen Harmonikaspieler im Rollstuhl, ausfindig gemacht und überführt.

Uns bleibt nach dem Erwachen eine vorübergehende leichte Schwäche im linken Schläfenlappen (Schwierigkeiten beim Einschenken und Tagebuchführen).

Jedesmal wenn wir zu entscheiden haben, welche Seite einer Memphis Minnie 78er wir hören wollen, teilt sich das Universum. Wir starren in den Schnee hinaus, uns brummen die Schädel. Da haben wir uns auf etwas eingelassen! Als Nicht-Physiker zetteln wir transdimensionale Sperenzchen an! Aufkeimenden Skrupeln versuchen wir mit heroischem Trinken zu begegnen. Zum Bildschirm wanken wir und weisen unbeholfen mit dem Zeigefinger darauf: »Da ... Mozart ...«

Was wir auf dem Bildschirm sehen (ein Elektronenereignis ohne Ursache, wie uns gelehrt wird), was wir da also sehen, entsteht durch unsere Beobachtung. Mozart führt in der Vergangenheit Tagebuch, weil wir ihn jetzt dabei beobachten, so einfach ist das. Das lernen heute schon die Sextaner im Physikunterricht. Und wenn wir Beobachter entscheiden, daß Mozart in sein Tagebuch was über uns notiert, dann tut er das auch. Und dann gibt es uns, weil er was über uns notiert hat. Das ganze Universum *ist* völlig wahnsinnig! Tatsächlich!

Wieder starren wir in den Schnee hinaus.

Mozart hat uns also erfunden, uns und unsere Forscherei nach seinen Tagebüchern, du liebe Güte. Mit uns ist nichts mehr los, nicht einmal unsere Platten mögen wir mehr hören. Vergreisend überlassen wir das Feld den jungen Wissenschaftlerinnen. Die haben schon wieder was entdeckt.

Laut Polly und Peggy Pinscher muß eine Tagebucheintragung Mozarts, in der er behauptet, es habe ihn nie gegeben, auf der Quantenebene etwas bewirkt haben, was in unserer Welt zum Fehlen seiner Tagebücher geführt hat. Das wollen sie uns rechnerisch demonstrieren, legen auch schon einen Winkelmesser an, aber wir werden ganz konfus und fangen an, alles durch 0,9 zu teilen.

Schmerzlich wird uns Nicht-Physikern bewußt, wie wenig wir die Geometrie Euklids überwunden haben. Zum Trost zeigen uns die Pinscher-Girls eine Postkarte, die Einstein an seine Mutter geschrieben hat: eine schöne Handschrift, keine Kleckse, keine Korrekturen, keine Zoten. So dürften Mozarts Tagebücher gewiß nicht ausgesehen haben. Oder doch – je nach Universum.

Das ist uns jetzt aber schon egal.

Zur Resignation gegenüber den Mirakeln der Quantenwelt kommt die Einsicht, wie blödsinnig unser Unterfangen doch ist, weil der ›Stern‹ bestimmt nicht die Tagebücher eines anderen Mozart aus einem anderen Universum kaufen und abdrucken wird. Auch die Stiftung Mozarteum dürfte sich für derartigen Schnickschnack nicht erwärmen. Fazit: Wir werden weder reich noch berühmt mit unserem Forschen. Falls unsere Ergebnisse überhaupt von der Fachwelt zur Kenntnis genommen würden, hätten wir gewiß mit diversen Schikanen zu rechnen. Schmähkampagnen in den Medien, nächtliche Anrufe, allmorgendlich Kot vor der Haustüre. Nein, wir wollen nicht das Schicksal des Mannes teilen, dem sein Glaube an die Echtheit von Mozarts Totenmaske zum Verhängnis wurde. (Das fehlte noch: Mozart, eine Totenmaske tragend und Tagebücher schreibend! Wenn es auch bestimmt ein Universum gibt, in welchem er beides gleichzeitig tut ...)

Die herrlichen 78er-Platten von Memphis Minnie werden sorgfältig eingepackt.

»Mädels, schaltet die Trafos ab!«

Adieu, Krokodilfarm.

Mozart hat nicht Tagebuch geführt.

# Anhang

# Verzeichnis
## der Autoren, Texte und Druckvorlagen

Mit einem Stern versehene Überschriften wurden vom Herausgeber formuliert oder dem zitierten Text entnommen.

WOLFGANG BAUER   (geb. 1941)

Der Fieberkopf . . . . . . . . . . . . . . . . . . . . . .   123

W. B.: Der Fieberkopf. Ein Roman in Briefen. Wien/Graz: Droschl,
1986. [Zuerst: Frankfurt a. M.: Bärmeier & Nikel, 1967.] S. 80–98.
© 1986 Droschl Literaturverlag, Wien und Graz.


GOTTFRIED AUGUST BÜRGER   (1747–1794)

Russische Reisegeschichte*  . . . . . . . . . . . . . . . .   47

G. A. B.: Wunderbare Reisen zu Wasser und Lande, Feldzüge und
lustige Abenteuer des Freiherrn von Münchhausen. [Nach der Ausgabe von 1788.] Hrsg. von Irene Ruttmann. Stuttgart: Reclam, 1994.
S. 41 f.


WILHELM BUSCH   (1832–1908)

Beim Naturphilosophen* . . . . . . . . . . . . . . . . . .   161

W. B.: Eduards Traum, Der Schmetterling und Autobiographisches.
Hrsg. von Friedrich Bohne. Zürich: Diogenes, 1974. S. 71–76. [Aus:
Eduards Traum.]


LEWIS CARROLL   (d. i. Charles Ludwidge Dodgson, 1832–1898)

(1) Landkarten* . . . . . . . . . . . . . . . . . . . . . .   21
(2) Das Croquet-Feld der Königin* . . . . . . . . . . . .   62

L. C.: Sylvie und Bruno. Die Geschichte einer Liebe. Hrsg. und
übers. von Dieter H. Stündel. Darmstadt: Häusser, 1994. S. 377 (1).
– © 1994 Verlag Jürgen Häusser, Darmstadt.
L. C.: Alice's Abenteuer im Wunderland. Deutsch von Antonie
Zimmermann. Leipzig: Johann Friedrich Hartknoch, 1869. S. 112 f.
(2).

DANIIL CHARMS   (d. i. Daniil Ivanovič Juvačev, 1905–1942)

D. C.: Alle Fälle. Das unvollständige Gesamtwerk in zeitlicher Folge. Hrsg. und übers. von Peter Urban. Zürich: Haffmans, 1995. S. 41 f. (1). S. 270 (2). S. 22 (3). – © 1996 Haffmans Verlag AG, Zürich.

●

ALBERT COHEN   (1895–1981)

A. C.: Eisenbeißer. Roman. Aus dem Französischen von Eugen Helmlé. Stuttgart: Klett-Cotta, 1984. S. 345–352. – © 1984 J. G. Cotta'sche Buchhandlung Nachfolger GmbH, Stuttgart.

PHILIP K. DICK   (1928–1982)

P. K. D.: Black Box. Sämtliche Erzählungen. Bd. IX. Aus dem Amerikanischen von Clara Drechsler. Zürich: Haffmans, 1994. S. 49 f. – © 1994 Haffmans Verlag AG, Zürich.

EUGEN EGNER   (geb. 1951)

E. E.: Als der Weihnachtsmann eine Frau war und andere erstaunliche Geschichten. Zürich: Haffmans, 1992. S. 62–64 (1). S. 67–70 (2). S. 71–77 (3). – Mit Genehmigung von Eugen Egner, Wuppertal.

WITOLD GOMBROWICZ (1904–1969)

W. G.: Gesammelte Werke in 13 Bänden. Hrsg. von Fritz Arnold und Rolf Fieguth. Bd. 6–8: Tagebuch. 1953–1969. Übers. von Olaf Kühl. München: Hanser, 1988. S. 175–177. – © 1988 Carl Hanser Verlag GmbH, München und Wien.

TATSUMI HIJIKATA (d. i. Kunio Motofuji, 1928–1986)

Die Rebellion des Körpers: Butoh. Ein Tanz aus Japan. Hrsg. und aus dem Japanischen von Michael Haerdter und Sumie Kawai. Berlin: Alexander Verlag, 1988. S. 38 (1). S. 39 (2). [Aus: T. H.: Das Sammeln geschwächter Körper. Vortrag gehalten am 9. Febr. 1985 auf dem ersten Butoh-Festival in Japan.] – © 1986 Künstlerhaus Bethanien und Alexander Verlag, Berlin.

WOLFGANG HILDESHEIMER (1916–1991)

W. H.: Lieblose Legenden. Frankfurt a. M.: Suhrkamp, 1991. S. 99 bis 103. – © 1991 Suhrkamp Verlag, Frankfurt am Main.

E. T. A. HOFFMANN (1776–1822)

E. T. A. H.: Späte Werke. München: Winkler, 1965. S. 746 (1). S. 769–771 (2). [Aus: Meister Floh. Ein Märchen in sieben Abenteuern zweier Freunde.]

JEAN PAUL (d. i. Johann Paul Friedrich Richter, 1763–1825)

J. P.: Werke. Hrsg. von Norbert Miller. Bd. 6. München: Hanser, 1963. S. 19 f. [Aus: Des Feldpredigers Schmelzle Reise nach Flätz.]

FRANZ KAFKA (1883–1924)

F. K.: Hochzeitsvorbereitungen auf dem Lande und andere Prosa aus dem Nachlaß. Frankfurt a. M.: Fischer Taschenbuch Verlag, 1983. S. 259 f. (1). S. 231–233 (2). S. 45 f. (3). S. 41 (4). S. 112 (5). S. 205 (6).

KURT KUSENBERG (1904–1983)

K. K.: Mal was andres. Phantastische Erzählungen. Reinbek bei Hamburg: Rowohlt, 1983. S. 442–446. – © 1969 Rowohlt Verlag GmbH, Reinbek bei Hamburg.

GROUCHO MARX (1890–1977)

G. M.: Ein ramponierter Frauenheld. Aus dem Amerikanischen von Reinhard Kaiser. Frankfurt a. M.: Fischer Taschenbuch Verlag, 1988. S. 50 f. – © 1995 Rogner & Bernhard GmbH & Co. Verlags KG, Hamburg.

MONTY PYTHON   (d. i. Graham Chapman, 1941–1989, John Cleese, geb. 1939, Terry Gilliam, geb. 1940, Eric Idle, geb. 1943, Terry Jones, geb. 1942, Michael Palin, geb. 1943)

Monty Python's Flying Circus. Sämtliche Worte. Bd. 2. Aus dem Englischen von Iris Grädler u. a. Zürich: Haffmans, 1993. S. 215 bis 217 [übers. von Eva und Thomas Pampuch] (1). S. 173 [übers. von Florian Steinbiß und Ellen Zirden] (2). – © 1993 Haffmans Verlag AG, Zürich.

IRMTRAUD MORGNER   (1933–1990)

I. M.: Die wundersamen Reisen Gustavs des Weltfahrers. Lügenhafter Roman mit Kommentaren. Darmstadt/Neuwied: Luchterhand, 1981. S. 30–32. – © der Erstveröffentlichung 1972 Aufbau Verlag, Berlin und Weimar, seit 1993 Luchterhand Literaturverlag GmbH, München.

FLANN O'BRIEN   (1911–1966)

F. O'B.: Der dritte Polizist. Roman. [Geschrieben 1940.] Deutsch von Harry Rowohlt. Frankfurt a. M.: Suhrkamp, 1990. S. 106–117. – © 1990 Suhrkamp Verlag, Frankfurt am Main.

RODA RODA   (d. i. Alexander Friedrich Roda, 1872–1945)

Das große Roda Roda Buch. Wien/Darmstadt: Zsolnay, 1988. S. 487 bis 491 – © 1988 Paul Zsolnay Verlag GmbH, Wien und Darmstadt.

H. R.: Das Zwergenschloß und sieben andere Erzählungen. München: Deutscher Taschenbuch Verlag, 1992. S. 104–111. [Aus: Die Reise mit dem Großvater von Köln nach Paris.] – © 1982 Nymphenburger Verlagshandlung GmbH in der F. A. Herbig Verlagsbuchhandlung GmbH, München.

H. H. S.: Reisen und andere Katastrophen. Hrsg. von Bruno Kehrein und Michael Matzigkeit. Zürich: Haffmans, 1988. S. 61–69.

B. S.: Die Zimtläden und alle anderen Erzählungen. Hrsg. von Mikolaj Dutsch. Aus dem Polnischen von Josef Hahn. München: Hanser, 1992. S. 84–90. – © 1966, 1967, 1992 Carl Hanser Verlag GmbH & Co., München und Wien.

K. V.: Gesammelte Werke in einem Band. Hrsg. von Michael Schulte. Frankfurt a. M.: Zweitausendeins, [o. J.]. S. 49 f. – © 1985 R. Piper GmbH & Co. KG, München.

B. V.: Das rote Gras. Roman. [1950.] Übers. von Eugen Helmlé. Berlin: Wagenbach, 1994. S. 42–46. – © 1962 Société Nouvelle des Editions Pauvert, Paris / 1979 für die deutsche Übersetzung Zweitausendeins, Postfach 61 06 37, 60348 Frankfurt am Main.

F.T.V.: Auch Einer. Eine Reisebekanntschaft. [Roman. 1879.]
Frankfurt a. M.: Insel Taschenbuch Verlag, 1987. S. 503, S. 512 f.,
S. 550, S. 516.

R. W.: Nachrichten aus der bewohnten Welt. Frankfurt a. M.: Frankfurter Verlagsanstalt, 1991. S. 32 f. – © 1991 Frankfurter Verlagsanstalt, Frankfurt am Main.

# Abbildungsnachweis

13 »Das Erlebnis«. Zeichnung von Eugen Egner. – Veröffentlichung mit Genehmigung von Eugen Egner, Wuppertal.

51 Zeichnung und Text von Glen Baxter. Aus: G. B.: Die Billardtisch-Morde. Aus dem Englischen übersetzt von Christoph Groffy. Frankfurt a. M. / Leipzig: Insel, 1991. S. 139 f. – © 1991 Insel Verlag, Frankfurt am Main und Leipzig.

72 Cartoon von Bernd Pfarr. Aus: B. P.: Hundeleben! Frankfurt a. M.: Eichborn, 1992. [S. 16.] – Mit Genehmigung von Bernd Pfarr, Frankfurt am Main.

90–92 »Neue Anatomie«. Zeichnungen von F. W. Bernstein. – Veröffentlichung mit Genehmigung von F. W. Bernstein, Berlin.

131 Zeichnung und Text von Glen Baxter. Aus: Die Billardtisch-Morde. A. a. O. S. 200. – © 1991 Insel-Verlag, Frankfurt am Main und Leipzig.

157/160 Zeichnungen von Edward Gorey. Aus: E. G.: Die weiche Speiche. Zürich: Diogenes, 1978. [Unpag.] – © 1978 Diogenes Verlag AG, Zürich.

Der Verlag Philipp Reclam jun. dankt für die Nachdruckgenehmigung den Rechteinhabern, die durch einen Genehmigungs- oder einen Copyrightvermerk bezeichnet sind. Für einige Autoren waren die Inhaber der Rechte nicht festzustellen. Hier ist der Verlag bereit, nach Anforderung rechtmäßige Ansprüche abzugelten.

# Die Groteske und ihr Schräges

> Durch diesen Trieb sehen wir also die zeitliche
> Welt ganz auf die gewöhnliche Art, aber zu-
> gleich aus einem ganz anderen Licht, indem in
> ihm das Licht des Wesens und der Phantasie
> übergegangen ist, weshalb uns denn die Ge-
> genstände ganz bekannt und gewohnt, aber
> zugleich durchaus verschoben, seltsam und
> schief gegeneinander gerückt erscheinen, wenn
> wir sie nach dem Maße der gemeinen Sittlich-
> keit betrachten.
>
> K. F. W. Solger, *Erwin*

Ein Mißverständnis ist aufzuklären: Die beiden Herren aus
E. T. A. Hoffmanns *Meister Floh*, deren seltsames Beginnen
wir auf Seite 86 miterleben können, sind durchaus nicht die
grotesken Gestalten, die sie zu sein scheinen. Tatsächlich
stammen die beiden, die sich dort in jenem Weinhaus zum
Gespött der Leute machen, aus dem sagenhaften Land Famagusta; es handelt sich um niemand Geringeres als um den
Egelprinzen, seines Zeichens Bewohner der Schlammwasser, und um seinen Erzfeind, den Genius Thetel, der eher in
den Lüften zu Hause ist; und beide hat es nun auf der Suche
nach der schönen Prinzessin Gamaheh ins ganz und gar
diesseitige Frankfurt am Main verschlagen. Egelprinz und
Thetel in Famagusta sind durchaus keine grotesken Gestalten! Wenn der Egelprinz sich in Famagusta wie ein Wurm
windet und der Genius Thetel sich in die Lüfte erhebt, pro-
voziert das selbstverständlich kein »Gelächter«, »Toben«
und »Jauchzen« bei den Vorübergehenden. Dort sind sie
(Schlammwasser hin, Schlammwasser her) *rein* phantastische Gestalten. In die Maße des Bürgerlichen gezwängt
aber, erscheint das phantastische Leben dieser höheren Na-
turen grotesk. – Die literarische Groteske entsteht in diesem

Bereich: wo die Sphäre des Phantastischen sich mit der des Realistischen überschneidet. Das Phantastische macht sich hier lächerlich, und das altvertraute Realistische erscheint nun nicht mehr recht altvertraut, sondern seine Gegenstände erscheinen »verschoben, seltsam und schief gegeneinandergerückt«[1] – mit einem Wort: *schräg.*

Das bedeutet andersherum: In der Welt der Groteske siedelt all das Wunderliche, Abwegige, Übertriebene immer im irgendwie Vertrauten, Maßvollen, bleibt all das Phantastische an Vernunft und Logik, also ans Realistische gebunden. Vor allem bleibt es ans Erzählbare gebunden und dies in ganz besonderer Weise:

Das *realistische* Erzählen setzt, mit Hegel zu sprechen, eine zur Prosa geordnete Welt immer schon voraus. Diese Prämisse kann der Dichter der Groteske als Sachwalter unserer höheren Natur, der Phantasie, nicht akzeptieren. Ihm geht es wie dem Woody Allen in der Pantomime-Vorstellung (S. 66), der nicht verstehen kann, daß man in den Gesten des Mimen unbedingt und ausschließlich allgemein Bekanntes *wiedererkennen soll*, daß Phantasie also gerade fehl am Platze ist.

Für die Phantasie kann es keine bereits vorhandene Welt geben, auf die nur verwiesen werden müßte. Auf Wiedererkennbarkeit baut die Groteske nicht. Folglich wird in ihr eine Welt immer erst errichtet:

»Wir fanden es gut, Dörfer zu bauen, die an den Wald grenzten. [...] Gegen den Wald zu wurden die Häuser seltener, und es kostete Mühe, das letzte Haus das letzte sein zu lassen«, lesen wir bei Ilse Aichinger (S. 15), und bei Eugen Egner heißt es: »Wir leben am östlichen Rande des von Menschen besiedelten Gebietes. Weiter im Osten gibt es nur noch zwei Kirchtürme, dann nichts mehr.« (S. 11)

1 K. F. W. Solger, *Erwin. Vier Gespräche über das Schöne und die Kunst*, Berlin 1815, zit. nach: Wolfgang Preisendanz, *Humor als dichterische Einbildungskraft*, München 1963, S. 70.

Aus Gegenständen der uns vertrauten Welt wird da eine neue erfunden, und ihr Rand markiert, was zur grotesken Welt gehören soll und was nicht. Aber unsere Vernunft kommt darüber nicht zur Ruhe, es ist ihr unmöglich, »das letzte Haus das letzte sein zu lassen«, und so verschiebt sich der Rand unaufhörlich. Die groteske Welt ist provisorisch, und die Dinge, aus denen sie gemacht ist, neigen entschieden zur Metamorphose.

Das erste Beispiel für die Gattung Groteske ist Lewis Carrolls Roman *Alice im Wunderland*. Er erscheint 1865 und verdient, der erste Vertreter der Groteske als *humoristisch-phantastischer Gattung* genannt zu werden, da nun nicht mehr wie bei Hoffmann erst in der Überschneidung zweier ansonsten eigenständiger Reiche (also in der Kollision des phantastischen Famagusta mit dem prosaischen Frankfurt am Main im *Meister Floh*) Groteskes entsteht, sondern die Welt bei Carroll ist *insgesamt* fremd und vertraut, phantastisch und realistisch zugleich, *insgesamt schräg* also.

Carroll hat seine Geschichte von *Alice's Adventures under Ground*, wie sie ursprünglich hieß, auf einer Bootsfahrt aus dem Stegreif entwickelt. Er beschreibt die Vorgehensweise wie folgt:

> Ich hatte meine Heldin geradewegs in ein Kaninchenloch geschickt [...], ohne auch nur im mindesten zu wissen, was anschließend geschehen sollte [...]. Bei der Niederschrift fügte ich viele neue Ideen hinzu, die – wie es schien – aus dem ursprünglichen Material erwuchsen; und Jahre später kamen noch viele hinzu, als ich es für die Veröffentlichung nochmals aufschrieb.[2]

Es ist gemeinsames Charakteristikum aller Grotesken, daß sie derart extemporierend, also mehr oder weniger ohne Vorplanung aus dem Stegreif entstehen und linear,

2 In: *The Theatre*, April 1887, zit. nach: L. Carroll, *Alice im Wunderland. Alice im Spiegelland*, Leipzig 1990, S. 261.

also Einfall an Einfall reihend, entwickelt werden: Franz Kafkas Romane und Erzählungen entstanden grundsätzlich so, gleiches gilt für die Erzählungen Bruno Schulz', die Romane Boris Vians, Flann O'Briens Roman *Der dritte Polizist*, Wolfgang Bauers Roman *Der Fieberkopf* oder etwa die Prosa Eugen Egners.

Diese Form des Gedankenspiels bewahrt die Groteske vor der Erstarrung in mythischer Abstraktion. Das Provisorische und vor allem das Metamorphische der grotesken Welt läßt ihre Helden ja zuweilen agieren wie nur je einen Sisyphos oder Tantalos. Alice findet es verständlicherweise wirklich schwer, anständig Croquet zu spielen, wenn nicht nur alle Spieler *gleichzeitig* spielen, anstatt zu warten, bis sie an der Reihe sind, sondern zu allem Überfluß auch noch Schläger, Kugeln und Tore fortwährend ihre Position und sogar ihre Gestalt verändern (S. 62). Das Linear-Extemporierende der grotesken Phantasie, das für das Metamorphische, das nie zur Ruhe Kommende verantwortlich ist, erweist sich aber zugleich als das Rettende: Der Leser kann gewiß sein, daß im nächsten Moment einfach ein anderes Spiel gespielt wird. Und dann wieder was *ganz anderes* geschieht. Und immer so weiter. Die Groteske ist, wie Kafka von seinem Amerika-Roman sagt: ins Endlose angelegt.

Worauf läuft so etwas aber hinaus? Wie endet ein solches extemporierendes, lineares Erzählen, das ja gerade keinen Stillstand, kein Ende duldet? – Mehr oder weniger gewaltsam. Wir befinden uns ohnehin im Zuständigkeitsbereich der Komödie mit ihrer »Liebe zum leersten Ausgang« (Jean Paul); in der Groteske aber ist der eigentliche Schluß in ganz besonderer Weise unwichtig. Alice, die ihre Abenteuer im Traum erlebt, muß früher oder später natürlich aufwachen. Die Helden bei Franz Kafka oder Boris Vian werden mal mehr, mal weniger sanft irgendwann beiseite geschoben, und bei Ror Wolf erleben wir regelmäßig, wie die Requisite, aus der die groteske Welt gemacht ist, gleichsam noch während der Vorführung wieder abgeräumt wird, so daß da »gar nichts mehr« ist, »kein Mensch, keine Straße, kein Regen und keine Füße; also nichts von den Dingen, von denen wir glauben, daß es sie tatsächlich gibt«. (S. 31) – In einer Geschichte Eugen Egners heißt es: »Ich aber bin noch alt geworden und dann irgendwo gestorben.«[3] Ende des Gedankenspiels.

Für Friedrich Schlegel und die Frühromantik war die Groteske (oder die »Arabeske«) »die älteste und ursprünglichste Form der menschlichen Phantasie. [...] Denn«, so fährt Schlegel im *Gespräch über die Poesie* fort –: »Denn das ist der Anfang aller Poesie, den Gang und die Gesetze der vernünftig denkenden Vernunft aufzuheben und uns wieder in die schöne Verwirrung der Phantasie, in das ursprüngliche Chaos der menschlichen Natur zu versetzen [...].«[4]

Die Verwirrung in der Groteske ist so vollkommen, da Gang und Gesetze unserer Vernunft *nicht* einfach durch Absurdes, Surreales, Märchenhaftes oder durch eine andere Gestaltungsweise des *rein* Phantastischen abgelöst werden. Die Groteske erfindet eine Welt, in der das gewöhnliche Leben, die zeitliche, räumliche Welt, konkret und im Detail von dem ergriffen wird, was von Haus aus ohne Zeit und Raum, also maßlos ist – der Phantasie. In einem der Prosafragmente Kafkas (S. 44) läßt diese Phantasie die Zeit derart stillstehen, daß ein Hund, ein Reiter, ein kleines Mädchen mit ihren Gänsen, ein Schwimmer gar und wer nicht noch alles – obwohl ein jedes mit seiner Geschwindigkeit reist! – sich nicht gegenseitig überholen können. Und in dieses Bild platzt nun der Kurier des Zaren und beschwert sich, daß alles »so widerwärtig langsam« geht. Genau – so denkt die Vernunft in der Groteske: Wenn Zeit und damit die Bewegung auch eine Illusion ist, so ist das noch lange kein Grund zum Trödeln!

3 Eugen Egner, *Getaufte Hausschuhe und Katzen mit Blumenmuster. Kurze Texte*, Leipzig 1996, S. 19.
4 Friedrich Schlegel, *Kritische und theoretische Schriften*, Stuttgart 1978, S. 195.

Erst diese paradoxe Gleichzeitigkeit von Phantastischem und Realistischem macht die Verwirrung der Groteske so vollkommen, daß sie schön genannt zu werden verdient; ihre Komik resultiert aus der Anschauung ebendieses unlösbaren Widerspruchs.

Was Heinrich Heine über Hoffmanns »Capriccio« *Prinzessin Brambilla* sagt, gilt daher für die literarische Groteske insgesamt und trifft ihr Wesen: »wem diese durch ihre Wunderlichkeit nicht den Kopf schwindelig macht, der hat gar keinen Kopf«.[5]

*Heiko Arntz*

5 Zit. nach: E. T. A. Hoffmann, *Späte Werke*, München 1965, S. 870.

## Zwischen den Runden:
## Heiteres und weiteres bei Reclam

Philipp Reclam jun. Stuttgart

# Reclam zum Vergnügen

---

*»Ich bin nun, wie ich bin«*
Goethe zum Vergnügen
Herausgegeben von Volker Ladenthin
176 Seiten. 25 Abb. UB 8752

*»Es ist traurig, wenn man nichts behält als den Kopf«*
Jean Paul zum Vergnügen
Herausgegeben von Herbert Kaiser
157 Seiten. 9 Abb. UB 9602

*»Die Welt steht auf kein' Fall mehr lang«*
Nestroy zum Vergnügen
Herausgegeben von Jürgen Hein
172 Seiten. 11 Abb. UB 9409

*»Alles kommt auf die Beleuchtung an«*
Fontane zum Vergnügen
Herausgegeben von Christian Grawe
179 Seiten. 7 Abb. UB 9317

*»Der Liebe Glut, sie geht zum Teufel«*
Heine zum Vergnügen
Herausgegeben von Heinz Puknus
167 Seiten. 9 Abb. UB 9630

---

## Philipp Reclam jun. Stuttgart